KB036651

서촌을
걷는다

과거와 현재를 잇는 ───────
서울역사산책

서촌을
걷는다

───
유영호 지음

창해

수많은 사람이 서울을 찾는다. 그중에서도 경복궁 서쪽마을(서촌)
은, '북촌'이라 불리는 경복궁 동쪽마을에 이어 도심관광지로 개발되
며 많은 사람들을 불러모으고 있다.

세상은 '본 만큼 아는 것'이 아니라 '아는 만큼 보이는 법'이다. 또한
특정한 대상을 알아가다 보면 자연스레 애정이 싹트게 마련이다. 나
는 서촌 구석구석을 걸으며 지난날의 흔적을 살피고 그것들을 좀더 깊
이 느끼고 싶었다.

겉으로 보기에 서촌은 지극히 평범한 강북의 한 지역에 불과하다. 하
지만 그곳에는 한양으로 천도한 조선왕조 500여 년과 근현대 우리의
역사가 켜켜이 쌓여 있다. 조선의 법궁이었던 경복궁부터 청와대, 정부
종합청사에 이르기까지, 그야말로 한반도의 심장부라고 할 수 있겠다.

따라서 한발 한발 내딛는 곳마다 역사교과서를 펼치듯 수많은 이야
기가 숨어 있다. 그것들을 한 꺼풀 벗기면 사랑과 증오, 전쟁과 평화,
애국과 매국 등 우리 선조들의 삶이 늑진하게 녹아난다. 그래서 나는
서울 속 마을여행 첫번째로 서촌을 선택했다.

한 마을의 역사는 물을 따라 형성되는 법이다. 지금은 모두 복개되

어 시야에서 사라졌지만, 여전히 발길 아래로 흐르는 물길 기준으로 답사코스를 잡았다. 앞서간 이들의 삶에 조금이라도 가까이 다가서고자 선택한 방식이다.

이번 답사지의 한가운데를 관통하는 청계천 상류, 즉 '백운동천'을 따라 걸으며 주변에 남겨진 지난날의 흔적을 찾고 그 시대로 들어갈 것이다. 백운동천은 청계광장의 소라탑에서 북쪽으로 창의문 옆 북악산 기슭의 청계천 발원지까지의 물길을 말한다. 백운동천에는 옥류동천, 사직동천 등 여러 지류가 존재하는데, 그곳 역시 발길을 멈추고 살펴볼 것이다. 특히 옥류동천 인근은 서촌 관광의 핵심으로 개발되어 볼거리가 많다.

이 책은 기행문이므로 일반적인 역사교과서처럼 시대순으로 배열하지 않았다. 직접 걸으며 눈에 보이는 위치에 따라 서술했다. 따라서 백운동천의 최하류인 현 청계광장 소라탑부터 창의문에 이르기까지 물길이 지나는 행정구역, 즉 동별로 차례를 구성했다. 교과서 속의 관념적인 역사가 아니라 우리가 생활에서 접하는 현실적인 역사를 서술하고 싶었기 때문이다.

마지막으로 이 책에서 사용하는 '서촌'이라는 명칭은 명확히 정립되고 공유되지 않은 것이다. 본래 '남촌' '북촌'이란 명칭은 청계천을 기준으로 삼았으며, 구한말 황현의 『매천야록』에 등장하기도 한다.

남촌과 북촌이라는 단어가 대중적으로 사용된 시기는 일제강점기이다. 당시 일본인들은 청계천 남쪽에 주로 거주했으며, 조선인은 북쪽에 모여 살았다. 이처럼 일본인과 조선인의 거주지가 따로 형성되고 경제적·민족적 경계가 명확해지며 남촌과 북촌이라는 명칭이 널리 사용되었다.

　이 책에서 이야기하는 '서촌'은 엄밀히 말해 '북촌'의 일부이다. 하지만 2000년대 들어 종로구 가회동 일대가 '북촌 한옥마을'로 알려지면서 옥인동 일대는 '북촌'이라는 이름을 붙이기가 어색해졌다. 따라서 경복궁의 서쪽 마을이란 의미로 '서촌'이라 명명하게 되었음을 밝혀둔다.

2018년 4월

유영호

5장 우리가 몰랐던 서촌

효자동, 궁정동, 신교동, 청운동 일대

1장

느리게 걸어보자
서촌

광화문 일대

1

땅 속으로 숨은 청계천 물길

백운동천은 인왕산과 북악산이 만나는 창의문 위의 계곡에서 시작해 경복궁 서쪽 '자하문로'를 따라 흐른다. 경복궁역을 지나 세종문화회관 뒤쪽으로 흘러가는 물길은 광화문 네거리에 위치한 현대해상화재 건물 뒤 좁은 골목길을 따라 청계광장의 소라탑에 다다른다. 그리고 여기서 또 다른 청계천 지류인 '중학천'을 만난다.

중학천은 북악산에서 시작되어 삼청동을 지나 경복궁 동쪽 담장을 타고 내려와 교보빌딩 뒤로 흐른다. 이렇게 백운동천과 중학천이 만나 청계천 본류, 즉 종로와 나란히 동쪽으로 흘러가는 물길을 만든다.

세종대로 사거리.

이곳은 하루에도 수많은 사람들이 지나다니는 곳이다. 하지만 이 일대의 물길은 모두 복개되어 우리의 기억 속에서 잊혀져왔다. 우리는 그저 건물들 사이로 만들어진 '도로'가 전부인양 느낄 뿐이다. 하지만 인간들의 인공적 포장에도 물길은 여전히 자신의 의지대로 흐르고 있

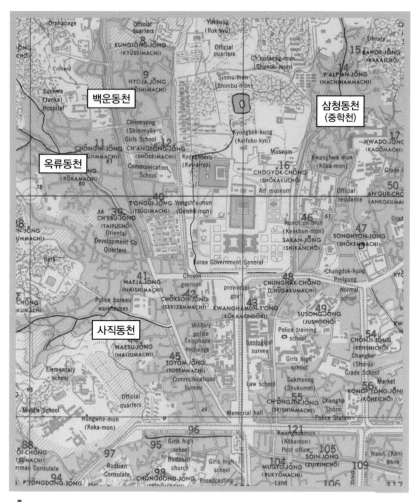

경복궁 주변으로 흐르던 청계천 지류(1946년 미 군정이 제작한 지도에 근거)

다. 그렇기에 집중호우라도 내릴라치면 두 물길이 합쳐지는 세종대로 사거리 일대에 병목현상이 일어나 도로가 물에 잠기는 것이다.

참고로 한양도성은 내사산(백악-낙산-남산-인왕산)을 따라 축조되었다. 그런데 이 산들은 한반도가 동고서저(東高西低) 지형인 것과 달리 경복궁을 중심으로 서고동저(西高東低) 형태를 띤다. 그로 인하여 한양도성을 관통하는 내명당수 청계천 역시, 동쪽에서 서쪽으로 흐르는 (東出西流) 외명당수 한강과 반대로 흘러 풍수상 좋다고 평가받는다.

흔히 풍수지리에서 서출동류(西出東流), 곧 물이 서쪽에서 시작되어 동쪽으로 흐르는 하천을 명당수로 보는데, 이는 서쪽이 높음을 의미한다. 우리나라처럼 겨울에 북서풍이 부는 지역은 북서쪽 지대가 높아야 찬바람을 막아준다는 점에서 이상적인 형태라고 할 수 있겠다.

하지만 조선의 도읍이 된 한양은 나날이 인구가 증가했고, 명당수의 부족과 오염이 큰 문제로 대두되었다. 당시 풍수가 최양선은 도읍의 명당수가 깨끗해야 하므로 개천에 오수를 버리지 못하게 해야 한다고 주장했다. 하지만 유학자들은 오염을 막는 일이 현실적으로 불가능하며, 풍수로 도성을 언급해서는 안 된다고 맞섰다. 결국 세종이 나섰고, 도성 안에 사람이 살다 보면 더러워지기 마련이라며 논쟁을 정리했다.

일제강점기였던 1925년부터 청계천의 원류라고 할 수 있는 백운동천, 옥류동천, 사직동천 등이 땅에 묻히기 시작했다. 실개천에서 영락 없는 하수구로 전락한 것이다.

1920년대 이후 총독부는 청계천 복개계획을 여러 차례 발표했다. 1926년에는 1만 평에 이르는 택지를 조성하겠다고 했으며, 1935년에는 복개하여 도로를 만들고 그 위로 고가철도를 건설하겠노라 했다. 1940년에는 청계천을 복개해 위로는 전차, 밑으로는 지하철을 부설

▌청계천 복원사업으로 완전히 탈바꿈한 광화문 일대의 풍경. 멀리 소라탑이 보인다

할 계획이라고 발표하기도 했다. 하지만 이는 모두 조선을 대륙 침략
의 병참기지로 육성하려는 의도에서 비롯된 것이었다. 총독부의 계획
은 재정문제로 현실화되지 못했으며, 1937년 광화문 일대에서 약간의
복개가 진행되었을 뿐이다.

  해방 후 수많은 피난민들이 청계천 주변으로 몰려들었고 많은 문제
가 파생되었다. 이에 서울시는 전면 복개 결정을 내리고 1958년부터
공사에 들어갔다. 그리하여 1961년 동대문까지 복개해 도로를 개설
하고, 사대문 밖의 복개를 계속 진행했다. 1976년 청계고가도로가 개
통되었으며, 이듬해 청계천 전면 복개공사가 마무리되었다. 이로써 하
천으로서의 청계천은 우리 시야에서 완전히 사라졌다. 일제강점기인
1930~40년대 총독부가 처음 계획했던 청계천 도시계획이 1960년 전
후에 이르러서야 최종적으로 완결된 셈이다.

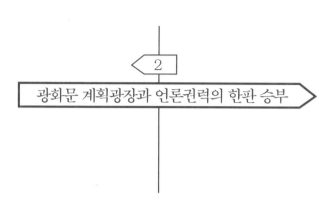

광화문 계획광장과 언론권력의 한판 승부

백운동천이 청계광장에 이르려면 세종대로 사거리를 가로질러 청계천 소라탑을 지나야 한다. 세종대로 사거리 일대는 사람들로 인산인해를 이루곤 한다. 그런데 그곳에는 일반인들이 잘 모르는 도시계획의 어두운 역사가 존재한다.

1952년 3월 발표된 도시계획에서 세종대로 사거리는 서울의 21개 계획광장 가운데 하나였으며, 반지름 150미터의 원형 계획광장 부지(2만 1,409평)로 예정되었다. 이는 옛 서울시청 앞에 조성된 서울광장(8,485평)보다 2.5배나 넓다. 당시 세종대로 사거리 일대의 계획광장 부지에는 지금의 조선일보 사옥, 동아일보 사옥, 광화문빌딩 등이 포함되어 있었다.

하지만 서울시는 전후 복구에 급급한 처지였기 때문에 바로 광장을 만들 수 없었다. 도시계획법상 해당 부지에 포함된 건물을 철거하지는 않았지만, 신규 건축허가를 전혀 내주지 않았고 가건물만 허용했

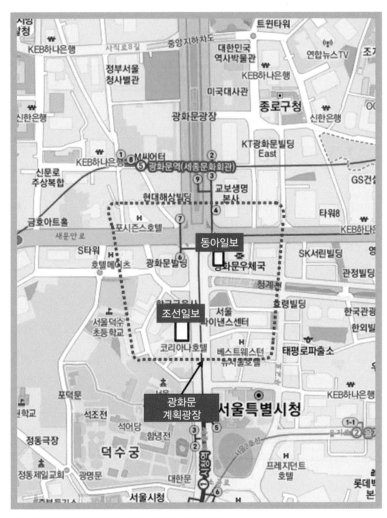

1952년 3월 25일 내무부 고시로 계획된 광화문광장

1999년 광화문에 완공한 동아일보 신사옥, 그 옆에 위치한 5층 구사옥은 현재 '일민미술관'으로 사용 중이다.

다. 서울 한복판의 토지 소유자들은 그러한 도시계획에 강력히 반발했다. 그럼에도 불구하고 마땅한 방법이 없었다. 전쟁으로 파괴된 도시를 새롭게 건설하기 위해 정부가 '도로와 광장'이라는 밑그림을 먼저 그린 것이다. 국가 재정이 부족한 상황에서 1952년 탄생한 '가건축 제도'는 재산권 침해 논란을 무마하기 위해 임시로 만들어진 제도였다.

하지만 박정희 군사정권이 들어서고 정부와 기업의 이해관계가 공통분모를 찾으며 상황은 달라졌다. 1962년 정부는 계획광장의 면적을 반지름 150미터에서 102.87미터로 축소 결정했다. 본래 면적에서 약 53퍼센트가 줄어든 1만 51평으로 고시된 것이다.

하지만 동아일보 사옥은 여전히 계획광장에 포함되어 있었다. 그럼에도 동아일보사는 정부의 도시계획을 완전히 무시했다. 창간 50주년을 맞아 새 사옥을 짓겠다며 1970년 4월 2일자 신문에 투시도까지 발표한 것이다. 그야말로 국가권력에 대한 언론권력의 도전이었다.

동아일보사는 끈질기게 교섭을 시도했다. 결국 서울시 도시계획국장 손정목은 동아일보를 찾아가 막 개발되기 시작한 여의도의 장래성을 언급하며, 여의도 국회 앞의 서울시 청사 예정지로 거론되던 1급 땅을 주겠노라 제안했다.

하지만 이것은 서울시 단독으로 결정할 문제가 아니었다. 서울시장 양택식은 대통령에게 여의도 땅을 동아일보사에 매각하겠다는 내용의 결재를 올렸다. 당시 매매가는 3,689평에 2억 원이 채 안 되었는데, 평당 5만 3,500원 정도였다.[1]

그러나 여의도 부지를 매입한 뒤에도 동아일보사는 사옥을 이전하지 않았다. 그리고 1999년 광화문에 지하 5층 지상 21층의 신사옥을 완공했다. 한편 여의도에 신사옥 대신 별관을 건설한 동아일보사는 2003년 1,370억 원을 받고 포스코에 매각했다.

언론권력에 의한 일반시민들의 권익 침해는 도로 및 광장의 편익 측면에서도 광범위하다. 1971년 지하철 1호선 설계 당시 동아일보사 건물의 일부를 철거해야 전동차가 시청역과 종각역 사이에서 정상적으

---

1) 동아일보 여의도 사옥 이전과 관련된 이야기는 당시 서울 도시계획국 담당자였던 전 시립대 손정목 교수의 『서울 도시계획 이야기 2』(2003, 한울)에 자세히 나온다.

▌차선 2개가 갑자기 줄어든 조선일보 앞 모습

로 운행될 수 있었다. 하지만 동아일보의 반대로 철로가 90도 가까운 직각 형태로 꺾이게 되었다. 그로 인해 전동차가 이 구간을 지날 때면 운행속도를 급격히 줄여야 한다. 또한 철로의 마모를 막기 위해 많은 양의 윤활유가 사용된다. 시민들 세금으로 그러한 일이 이루어지고 있는 것이다.

세종대로의 경우도 마찬가지다. 조선일보사가 위치한 곳에 이르면 광화문에서 청계광장 입구까지 이어지던 차선 2개가 사라진다. 조선일보 사옥이 도로를 점거하고 있기 때문이다. 조선일보 앞을 걸어본 사람이라면 누구나 인도와 접해 있는 빌딩 입구가 이상하다고 느낄 것이다. 서울시 자료에 따르면, 그로 인해 차량 1대당 평균 12초가 지체되며 연료 소비량 등 교통혼잡 비용이 크게 증가한다고 한다.

참고로 동아일보 구사옥은 1926년 지어졌는데, 동아일보 창간사옥이 아니다. 동아일보는 1920년 현 '정독도서관' 앞의 종로구 화동

138-33번지 한옥건물에서 시작되었다. 현재의 광화문 동아일보사 자리는 조선시대 '우포도청'이 있던 곳이다. 좌포도청은 종로3가역 15번 출구(서울극장 방향) 근처에 위치했다.

포도청은 성종12년(1481)에 좌우로 나뉜다. 경복궁에 머물고 있는 국왕을 기준으로 한 것이다. 따라서 좌포도청은 서울의 동부·남부·중부와 경기좌도를 담당하고, 우포도청은 서울의 서부·북부와 경기우도를 담당했다. 그러던 것이 1894년 '경무청' 신설로 통폐합되었고, 현재의 '경찰청'으로 이어져 내려온다. 포도청이 있던 자리에 언론사가 들어서서인지, 마치 옛 포도청의 권력을 언론사가 대신 행사하는 듯한 느낌이 없지 않다.

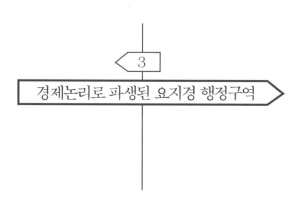

3 경제논리로 파생된 요지경 행정구역

청계천을 기준으로 북쪽은 종로구, 남쪽은 중구로 나뉜다. 그런데 세종대로 사거리에 위치한 광화문빌딩 자리는 1986년 신문로 도심 재개발사업 전까지는 물길을 기준으로 남쪽과 북쪽에 감리재단빌딩과 국제극장빌딩이 각각 위치했다. 두 건물은 중구 태평로(감리재단)와 종로구 세종로(국제극장)에 주소지를 두었기에 행정구역이 서로 달랐다. 따라서 재개발 초기에 건축허가가 따로 났다.

하지만 작은 물길은 복개된 상태고 현실적으로 세종대로 사거리에서 서대문 역사거리로 이어지는 길이 남북을 가르므로, 서울시와 건축위원회 등에서 작은 건물 두 개보다 큰 건물 한 채를 짓는 게 좋겠다고 제안했다. 1985년 무교동-다동 재개발사업의 일환으로 지어진 '프레스센터'의 사례를 적용하자는 것이었다.

프레스센터는 서울신문사와 신문회관 건물을 하나로 합쳐 재개발되었다. 그리하여 지하부터 11층은 서울신문사가, 12층부터 20층은 한

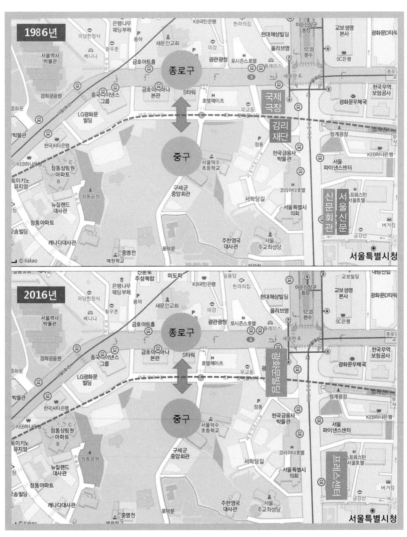

청계천을 기준으로 종로구와 중구가 나뉘며, 지도상 경계선은 청계천 지류를 복개해 만들어진 도로이다. 1980년대 도심재개발 이전에는 각 건물이 분리되어 존재했음을 알 수 있다.

국방송광고공사가 소유하는 방식으로 수평분할되었다.

그런데 광화문빌딩의 경우 프레스센터 사례와 다른 문제가 존재했다. 화폐가치의 소유권 분할이야 서로가 인정할 수 있는 합리적 측정이 가능하다. 하지만 행정적 소속, 즉 새로 지어진 건물을 어느 구청 관할로 할 것인가가 문제였다. 자칫 어느 한쪽은 향후의 막대한 세원을 놓칠 수 있었다. 결국 이 또한 수평분할로 타협점을 찾았다. 부지면적 기준으로 61퍼센트를 차지하는 종로구가 지하5층부터 지상12층을 관할하고, 나머지 13층부터 20층은 중구 소속이 되었다.

이는 인간행위의 가치를 '화폐'로만 측정하는 '신자유주의'의 산물이다. 고대국가 이래 물길과 산길을 기준 삼아 행정구역을 나누었던 오랜 관행이 화폐 앞에 무릎을 꿇은 것이다. 2차원적인 행정 분할에서 3차원 세계로 진입했다고나 할까. 이처럼 한 건물의 위아래로 행정구역을 나눈 사례는 세계에서 우리나라가 유일하지 않을까 생각된다.

우리의 상식을 뛰어넘는 일은 비단 이것만이 아니다. 재개발로 탄생된 아파트 단지가 두 개의 구로 나뉘기도 한다. 예컨대 중구·성동구간 한진그랑빌아파트, 관악구·동작구간 현대아파트, 동대문구·성북구간 샹그레빌 아파트, 서대문·은평구간 경남아파트 등 7개 단지에서 일부 동의 주소가 서로 다르다. 이는 그나마 건물별로 나뉘져 상황이 나은 편이다. 한 건물이 좌우로 나뉜 곳도 존재하기 때문이다.

1990년대 초반 서울시는 보라매공원 근처에 위치한 '동작구 신대방동'과 '관악구 봉천동' 일부를 합쳐 4개 단지로 재개발했다. 그로 인해 동작구와 관악구의 경계선이었던 2차선 도로가 사라졌다. 그런데 새로 지어진 아파트와 백화점 등 4개 건물을 어느 구청 소속으로 할지가 문제였다. 도로는 없어졌지만 지적도상 경계는 명확하게 구분되

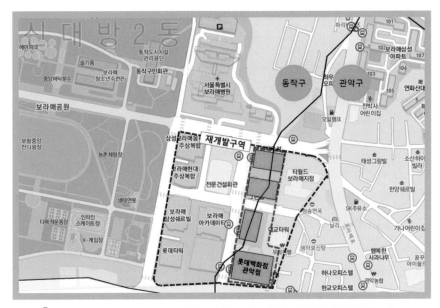

1990년대 초반 보라매공원 동쪽 택지를 재개발하면서 관악구와 동작구에 형성된 총 4개 단지(파란색 점선). 이 가운데 롯데백화점 관악점을 비롯한 4개 건물이 2개 구에 걸쳐 있다(빨간색 점선).

기 때문이다.

결국 소속 구의 대지비율대로 건물이 쪼개졌다. 그리하여 한 아파트의 같은 층이더라도 어떤 집은 쓰레기 수거를 월요일에 하고 어떤 집은 목요일에 한다. 뿐만 아니라 자녀가 멀리 떨어진 학교로 배정받는 불편이 초래되고 있다. 화폐중심 가치관 속에서 인간의 상식은 지극히 미약한 것에 지나지 않는다.

단지가 형성된 1995~2000년 사이에 건축 관련 민원 등이 자치구 소관으로 넘어가면서 이러한 기현상을 해결하기는 더욱 어려워졌다.

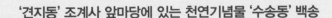

'견지동' 조계사 앞마당에 있는 천연기념물 '수송동' 백송

두 개 구에 걸친 하나의 건물이나 기관은 세금 문제가 걸려 있어 해결이 쉽지 않다. 그에 비해 하나의 건물이나 기관이 두 개의 동으로 나뉠 경우 크게 문제가 되지 않는다. 그중 흥미로운 곳이 있어 소개한다.

천연기념물 1~10호 가운데 생명을 다했거나 기타 사유로 해제된 것을 제외하면 현재 3개밖에 남아 있지 않다. 1호는 대구 도동에 위치한 측백나무숲이며, 나머지 두 개는 서울에 위치한 백송이다. 8호 백송은 종로구 재동 헌법재판소에 있으며, 9호 백송은 종로구 견지동 조계사 본당 옆에 있다.

그런데 조계사 백송 앞에 '견지동'이 아니라 '수송동'이라는 수식어가 붙는다. 즉, '수송동 백송'으로 불리는 것이다. 조계사는 견지동에 있지만, 백송이 위치한 곳부터 서쪽은 수송동에 해당되기 때문이다.

500살 정도로 추정되는 오래된 나무인 만큼 그 뿌리는 깊고 널리 뻗어 있을 것이다. 따라서 어쩌면 상당수의 뿌리가 견지동에 자리잡았을지도 모르

조계사 앞마당의 천연기념물 9호 백송. 조계사의 법정동은 견지동이지만, 백송이 위치한 곳은 수송동이다. 따라서 '수송동 백송'으로 불린다.

는 일이다.

　참고로 조계사 본당은 오피스텔이나 아파트처럼 물리적으로 나누기 어려운 하나의 건물이다. 본당 자체가 견지동과 수송동의 경계에 있다. 부지뿐만 아니라 사찰 건물의 대부분이 수송동에 속하지만 조계사의 법정동 주소로 견지동이 사용된다. 이는 조계사 정문이 견지동에 위치하며, 수송동 쪽은 좁은 골목길이지만 견지동 쪽은 6차선 대로이기 때문으로 추측된다.

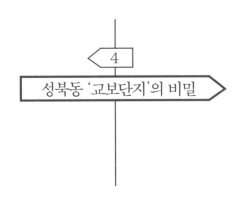

4

성북동 '교보단지'의 비밀

청계광장 소라탑은 백운동천과 중학천이 만나는 곳이다. 경복궁 서쪽으로 흐르는 백운동천을 따라가며 그 주변 역사를 살펴보자. 중학천 바로 옆이지만 광화문 네거리에서 마주보는 듯 가까우니 '교보빌딩'에 대한 이야기를 우선 나눠보자.

교보빌딩에는 교보생명 본사가 위치해 있다. 교보생명의 성장으로 지금의 교보그룹이 탄생되었다고 해도 과언은 아니다. 그렇다면 교보생명은 어떻게 성장했을까. 물론 뛰어난 사업 전망과 기획이 전제되었을 것이다. 하지만 그것과 무관한 이유도 존재했다.

우선 10만 7천여 평에 이르는 성북동 330번지의 넓은 땅이 교보생명 창업자 신용호의 소유였다. 삼청터널 북쪽 입구부터 길상사 앞까지의 모든 토지를 아우르는 성북동 최북단의 대규모 토지였다. 신용호가 소유한 동작동 약 3만 6천 평을 국립묘지 확장과정에서 수용한 대신, 당시 미개발 상태이던 성북동 땅을 정부가 대토로 준 것이다.

▌광화문 교보빌딩

    그런데 신용호 소유의 동작동 토지가 사기로 획득한 것이라는 데
문제가 있다. 신용호는 동작동 땅의 원주인인 김영구가 가등기 상태
로 소유한 것을 알고 구본상, 김춘복 등의 토지사기꾼과 합세했다. 관
련 서류를 위변조한 그들은 1957년 정식재판을 통해 주인을 신용호
로 바꿔버렸다.

    1970년 12월 교보생명에서 기증하는 형태로 청와대 인근 삼청동과
성북동을 잇는 '삼청터널'이 개통되었다. 그와 함께 주변 땅값이 급등
했다. 그러자 신용호는 성북동 땅을 분할매각하는 방식으로 거액을 챙
겼다. 결국 이 돈이 교보생명 확장의 종잣돈이 된 셈이다.

    하지만 신용호는 하수인 두 명에게 이익의 15퍼센트씩 배분하기로
한 약속을 지키지 않았다. 그리하여 결국 고소, 고발 사태가 벌어졌다.
구본상은 1962년 계엄고등군법회의서 반혁명 음모를 선고받고 복역
했으며, 김춘복은 1967년 중앙정보부에 구속되어 변조사실을 자백했

다. 원소유자 김영구는 이를 근거로 1968년 항소심을 제기해 원상회복하라는 승소확정 판결을 받아냈다.

상황이 불리해지자 신용호는 당시 중앙정보부장 이후락에게 교보생명 지분의 35퍼센트를 넘기며 사건 무마를 부탁했다. 이에 이후락은 고위법관에게 청탁했고, 신용호는 서울민사지법에 소송을 제기해 3심까지 승소했다. 하나의 사건에 서로 다른 판결이 내려진 셈이었다. 고등법원 판결에 대해 하급심 지방법원에서 상반되게 판결하는 사법부 조리로 인해 성북동 땅은 결국 법적으로 신용호 소유가 되었다.

이러한 사건의 전말은 1981년 전두환 쿠데타 세력의 국보위(국가보위비상대책위원회)에 출석한 신용호의 조서에 고스란히 담겨 있다. 그는 "전 재산을 대통령 각하(전두환)께 기증하고 속죄하여야겠다는 심정뿐"이고, 그 조서의 내용이 사실임을 밝힌다며 서명했다.[2]

이런 과정을 통해 성북동 땅 약 11만 평이 신용호의 소유가 되었다. 이후 삼청터널 개통, 택지개발을 통한 분할매각을 통해 지금의 성북동 부촌이 형성된 것이다.

참고로 김광섭의 시 「성북동 비둘기」는 당시 삼청터널 공사와 그에 따른 택지 개발 등으로 자신이 몸담고 있던 터전을 잃어가는 상황에 대한 아쉬움을 담고 있다.

---

2) 신용호의 성북동 국유지 편취사건에 대해서는 '진실화해(위) 교보 국유지 편취사건조사 각하에 대한 공개질의'(백종일, 2008. 9. 25)에 자세히 기록되어 있다.

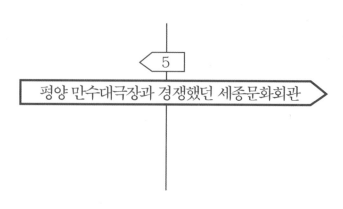

5

평양 만수대극장과 경쟁했던 세종문화회관

교보빌딩 맞은편으로 '세종문화회관'이 장엄한 자태를 뽐낸다. 세종문화회관 뒷길은 백운동천 물길이다. 이런 지리적 요인 때문에 세종문화회관 건설 당시 설계자 엄덕문은 홍수로 물이 차면 수압이 높아져 건물이 꺾일 수 있다고 우려했다. 우리 시야에서 물길이 사라진 것일 뿐, 땅속은 그대로이기 때문이다.

고민 끝에 그는 "세종문화회관을 배로 설정하고 무대를 두껍게 해 닻처럼 물속에 고정시키는 방식"을 택했다. 또한 "땅속 지반의 모암(母巖)에 건물 지하를 연결시켜 어떤 수압에도 배가 다치지 않게 고정시킨 닻의 기법"을 응용함으로써 문제를 극복했다.

서울이라는 메트로폴리스는 고도로 발달한 과학기술을 이용해 자연에서 독립한 것처럼 보인다. 하지만 도시설계자들은 대자연의 흐름을 거스르지 않도록 끊임없이 고민하고 있다. 대부분 그 사실을 모르는 채 도시의 편익을 누리는 것일 뿐이다.

엄덕문의 설계로 1978년 완공된 세종문화회관. 1988년 '예술의 전당'이 완공되기 전까지 우리나라 주요 문화공간으로 활약했다.

세종문화회관은 1973년 서울시 주관 현상설계에 엄덕문의 것이 채택되어 5년의 공사 끝에 1978년 개관되었다. 당시의 시대적 분위기가 그렇듯, 세종문화회관을 건설하는 과정에서도 남북 대립과 경쟁이 이면에 작용했다.

엄덕문이 설계에 1년 넘게 공을 들이고 건축을 시작할 무렵 박정희 대통령의 새로운 요구가 전달되었다. 평양 만수대극장이 기와를 씌운 2층 누각에 수천 명을 수용할 수 있으니, 우리도 통일주체국민회의 대의원 5천 명이 들어갈 수 있는 규모가 되어야 하며, 지붕에 기와를 얹고 서까래도 올리라고 했다. 이에 설계자 엄덕문은 기와 없이도 우리 정서를 잘 반영시키겠다며 버텼다. 우리만의 특색 있는 전통과 현대적

아름다움이 어우러지는 건축물로 완성하겠노라 설득한 것이다.

세종문화회관 개관식은 4월 14일로 북한의 '태양절', 즉 김일성 주석의 생일(4월 15일) 전날이었다. 최대 명절을 앞둔 북한의 김을 빼기 위한 작전이었다. 좌우 대립이 치열하던 냉전의 한복판에서 분단국가인 우리나라에서만 볼 수 있는 기괴한 풍경이었다.

동양 최대의 파이프오르간을 설치하는 등 당시 세종문화회관의 규모와 시설은 참으로 대단했다. 만수대극장을 제압하기 위한 선전물의 일종이라고 할 수 있었다. 모두 세금으로 충당되지만, 정작 국민들은 잘 모르는 분단비용 가운데 하나인 셈이다.

하지만 세월 앞에 장사 있겠는가. 시간이 흐르며 많은 것이 낡았고, 관객들의 기대수준 또한 높아졌다. 그리하여 2003년 대대적인 리모델링 공사를 실시했다. 그럼에도 시대의 변화와 대중의 요구를 좇아가기는 버거운 느낌이 든다.

'서울시향'의 경우, 사무실과 연습실이 세종문화회관에 있음에도 정기연주회를 '예술의 전당'에서 개최한다. 이러한 사실만으로도 세종문화회관이 처한 상황을 충분히 유추해볼 수 있다.

세종문화회관의 전신이라 할 수 있는 서울시민회관과 경성부민관에 대해 알아보자.

현재 서울시 의회가 사용하고 있는 부민관 건물은 일제강점기에 건설되었으며, 덕수궁 북쪽에 위치해 있다. 당시 막대한 이익을 내던 일본인 기업 '경성전기'가 경성부민들의 반발을 무마하기 위해 1933년 100만 엔을 기부해 부민병원과 같이 지었다. 1949년 시민회관으로 이름이 바뀌었으며, 전후에는 국회의사당으로 사용되었다.

▌ 우리나라 최초의 문화회관이었던 경성부민관. 현재는 서울시 의회로 사용 중이다.

부민관이 국회의사당으로 사용되자, 1961년 현 세종문화회관 자리에 '시민회관'이란 이름으로 건물이 신축되었다. 1958년 준공을 목표로 1955년 11월 정지공사를 시작했고, 이듬해 6월 20일 건물 기공식을 마쳤다.

그런데 '이승만 탄신 80회'와 맞물리며 그의 호를 딴 '우남회관'으로 건물 이름이 정해졌다. 우리나라 전역에 이승만 우상화 열풍이 휘몰아치던 시기였다. 남산에 이승만 동상과 우남정이 건설되고, 지방에 '우남로'라는 도로가 생기기도 했다.

야당이던 민주당이 압도적 다수를 차지하고 있던 서울시 의회는 대통령 호를 딴 시민회관에 거부반응을 보이며 공사중지 권고 결의안을 채택했다. 또 시의회 예산결산위원회에서 우남회관 건립비를 전액 삭감했다.

그러한 과정 끝에 우남회관은 시민회관으로 이름이 바뀌었고, 1961년 11월 7일 개관식을 치렀다. 시민회관이 준공되기까지 만 5년 동안 서울시장이 무려 7명이나 바뀌었다.

우여곡절 속에 신축된 시민회관은 서울 시민들의 문화공간으로 자리매김했다. 하지만 1972년 12월 대형화재가 발생해 많은 사상자가 나왔고 건물은 소실되었다. 탄생과정이 순탄치 못해서였을까. 그 마지막 운명 또한 처참했다.

1973년 다시 공사를 시작한 시민회관은 1978년 '세종문화회관'이란 이름으로 재탄생되었다.

1972년 12월 2일 밤 8시 28분 서울시민회관에서는 문화방송 주최의 'MBC 10대 가수 청백전'이 열리고 있었다. 유명 가수를 비롯해 많은 연예인들이 참석했다. 그런데 공연이 끝나고 관객들이 나오는 사이 조명장치가 과열로 합선되며 '펑' 하고 터졌다. 하필 막이 내려지는 상황이었고, 불길이 그곳에 옮겨 붙으며 삽시간에 확산되었다. 그리하여 사망 51명, 부상 76명의 사상자가 발생했다.

서울시민회관 화재사건은 대연각호텔(1971년 12월 사망 162명) 및 청량리 대왕코너(1972년 사망 6명, 1974년 사망 88명, 1975년 사망 3명) 화재사건과 더불어 대한민국 역사상 3대 대형 화재로 기록되었다.

부산 국제시장 화재(1953년)와 대구 서문시장 화재(1960년) 같은 예외가 있기는 하지만, 1960년대까지만 해도 화재가 크게 확산되지 않았다. 저층건물에 장작 등을 연료로 사용했기에 큰 바람만 안 불면 대형 화재로 번지기 어려운 구조였다.

그러나 1960년대 후반부터 1970년대 초반에 이르러 고층 콘크리트 건물이 늘어나고, 연료 역시 신탄, 연탄을 거쳐 확산성이 큰 석유 및 가스, 전기로 교체되었다. 그러한 변화를 소방체계가 따르지 못했던 것이다. 21층짜리 대연각호텔에서 화재가 발생했지만, 고가 사다리차가 한 대도 마련되어 있지 않았다.

대형 화재사건을 겪으며 우리나라의 소방제도는 대대적인 변혁을 이루었다. 그럼에도 불구하고 최근 제천 스포츠센터(2017년 12월)와 밀양 세종병원(2018년 1월)에서 벌어진 인명 피해는 대형 화재가 단지 소방장비만으로 해결할 수 있는 문제가 아님을 알려준다.

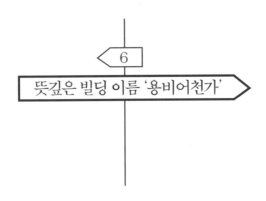

6

뜻깊은 빌딩 이름 '용비어천가'

세종문화회관 뒷길을 따라 200미터쯤 올라가면 작은 네거리가
나온다. 그곳의 범상치 않은 건물들 이름이 지나는 이의 발길을 붙잡
는다.

제일 먼저 도로 왼쪽으로 2004년 건설된 18층짜리 오피스텔이 눈
에 띈다. 바로 용비어천가(家)빌딩이다. 신축한 건물은 물론 기존 건
물들조차 외국어로 이름을 바꾸는 세상에 참으로 독특한 일이 아닐
수 없다.

'용비어천가'는 세종대왕이 훈민정음을 창제하고 첫 시험으로 쓰여
진 악장(樂章) 이름이다. 빌딩 이름을 그처럼 거창하게 붙인 건 그곳이
한글학자 주시경(1876~1914)의 집터이기 때문일 것이다.

주시경은 세종대왕이 창제한 훈민정음의 대중화에 앞장선 인물이
다. '한'(큰, 많은, 넓은, 바른, 하나의 뜻)과 '글'의 합성어인 '한글'이라는
명칭도 그가 만들었다. 따라서 "세종대왕은 훈민정음을 창제했을 뿐,

한글학자 주시경의 집터에
세워진 용비어천가빌딩

한글을 만든 건 주시경"이라는 우스갯소리도 나온다.

　한글은 갑오개혁 때 나라의 공식적인 글자로 인정을 받았다. 하지만 15세기에 창제되었기에 수백 년이 지난 근대에 그것을 상용화하기란 쉽지 않았다. 주시경은 국어의 음운 연구와 문법 등을 체계적으로 정리한 최초의 인물로, 황무지에서 국어학을 개척했다고 해도 과언이 아니다.

광화문 '한글학회' 입구에 설치된 주시경 선생의 흉상. 이곳부터 북쪽으로 지하철 3호선 경복궁역까지 '한글가온길'이 이어진다.

한글의 원리가 명확히 밝혀진 것은 1943년 간송 전형필이 훈민정음 해례본을 발견하면서부터다. 하지만 주시경은 그 전에 영어의 알파벳 원리를 이용해 한글의 자음과 모음을 풀어내고 문법체계를 세웠다. 한글 하면 흔히 세종대왕을 떠올리지만, 지금처럼 대중적으로 사용하게 된 데는 주시경의 공로가 가장 크다고 할 것이다.

참고로, 한글은 본래 띄어쓰기를 하지 않았다. 국한문 혼용체로 사용하면 문제가 해결되기 때문이다.

하지만 이는 한글의 대중화를 가로막는 주요 요인이었다. 예컨대 남편이 아내에게 "서울가서방을구하시오"라는 편지를 보냈다고 생각해보자. 방(房)을 구하라는 것인지, 서방(書房)을 구하라는 것인지 헷갈릴 수밖에 없다.

이런 사례는 수없이 많다. '아버지가방에들어가신다', '서울시장애인복지회' 등도 그중 하나이다. 따라서 이 문제가 명확히 정리되지 않았다면, 한글은 여전히 대중화되지 못한 채 국한문 혼용체를 사용하고 있을지도 모른다.

띄어쓰기 전의 한글 표기(왼쪽), 한글 띄어쓰기를 처음으로 사용한 존 로스의 『Corean Primer』(가운데), 띄어쓰기를 대중적으로 확산시킨 『독립신문』(오른쪽)

그런데 한글 띄어쓰기를 처음으로 사용한 문헌은 뜻밖에도 1877년 영국인 목사 존 로스가 쓴 『Corean Primer』(조선어 첫걸음)이다. 그후 띄어쓰기를 대중적으로 확산시킨 건 주시경이 교정을 본 『독립신문』이다. 1933년 조선어학회는 한글 맞춤법 통일안에 띄어쓰기를 반영하였다.

지금 이곳에는 주시경의 체취를 느낄 수 있는 어떤 흔적도 남아 있지 않다. 하지만 그가 거주하며 한글을 연구했다는 사실만으로도 의미가 큰 장소라고 할 수 있겠다.

'가온'은 '가운데' '중심'을 뜻하는 순우리말이다. 한글에 대한 관심이 세계적으로 높아짐에 따라 정부는 2012년 약 1.8킬로미터를 '한글가온길'이라는 문화공간으로 조성했다. 그렇게 명명한 이유는 주변에 주시경 집터, 세종대왕 동상, 한글학회 등 한글과 관련된 것들이 많기 때문이다.

한글가온길에는 포함되지 않지만, 그 북쪽으로 조선시대 한성부 북부 준수방에 속했던 통인동 137번지 일대(통인시장 남쪽이자 참여연대 동쪽 지역)가 세종대왕 탄

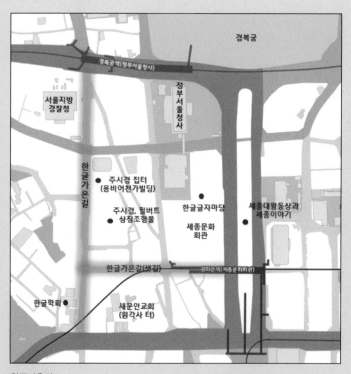

한글가온길

신지이다. 또 그 동쪽의 경복궁에는 한글 편찬사업 때 '집현전'으로 사용된 수정전(修政殿)이 있다. 한글가온길 남쪽으로는 현 서울시립미술관 옆에 한글로 신문을 발행했던 독립신문사(현 신아빌딩)가 위치했었다.

이처럼 한글가온길 주변에는 한글과 관련된 우리 역사가 오롯이 담겨 있다. 한 번쯤 우리 글을 생각하며 걸어볼 만한 곳이라고 할 수 있겠다.

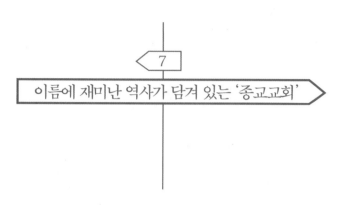

7

이름에 재미난 역사가 담겨 있는 '종교교회'

    용비어천가빌딩 바로 건너편에 범상치 않은 이름의 교회가 있다. 바로 '종교교회'이다. 의미를 모르는 사람들에게는 약간 우스꽝스럽게 느껴질 수 있겠다. 여기서 종교의 '교' 자는 '종교'라는 단어에 사용되는 '교화할 교'(敎)가 아니라 '다리 교'(橋)이다. 어떻게 이런 이름을 사용하게 되었을까.

    백운동천과 사직동천이 이곳 네거리에서 만나고 있다. 두 물줄기가 합쳐지며 자연스레 삼거리가 만들어졌고, 광화문 앞 세종대로로 이어지는 또 다른 길이 이곳으로 연결되며 네거리가 된 것이다. 물길이 지나는 곳이므로 당연히 다리가 있었는데, 바로 '종침교'(琮琛橋)이다.

    조선 성종대에 연산군의 생모인 윤씨의 폐위를 논하는 어전회의가 예정되었다. 이를 앞두고 충정공 허종(許琮)과 문정공 허침(許琛) 형제는 걱정이 태산 같았다. 그들은 사직동에 사는 누이를 찾아가 조언을 구했다. 그러자 누이는 연산군이 세자로 책봉되어 있는 상황에서 그

▌1900년 선교사 캠벨이 설립한 종교교회

┃ 종침교의 유래와 사진이 담긴 『동아일보』 기사(1924년 7월 22일)

런 논의에 참여했다가는 훗날 화를 피하기 어려울 것이니, 꾀를 내어 불참하라고 일렀다.

　누이의 조언대로 허종과 허침 형제는 대궐로 향하던 중 다리를 지나 다 말에서 굴러떨어졌다. 그리고 그것을 핑계로 어전회의에 불참했다. 결국 연산군이 왕위에 오르고 폐비 윤씨 복위문제로 촉발된 '갑자사화'(1504) 때 그들 형제는 위기를 모면할 수 있었다. 그 뒤로 허종, 허침 형제의 이름을 따서 다리 이름을 '종침교'(琮琛橋)라 부르게 되었다고 한다. 사람들은 점차 그것을 줄여 '종교'(琮橋)라고 부르기도 했다.

　대한제국 시기 그곳에 교회를 세웠는데 다리에서 이름을 따와 '종교교회'라 칭했다. 물론 '옥홀 종'(琮)을 흔히 종교(宗敎)에 사용되는 '마루 종'(宗)으로 바꾸어서 말이다.

▌도성전도(1834)에 표기된 종침교

종교교회 홈페이지를 보면, 교회 이름에 '창조의 기원이 되는 하나님을 섬기며 하늘과 땅, 너와 나를 이어주는 다리가 되기를 기원'하는 의미가 담겨 있다고 한다. 멋진 변형과 재해석이라 여겨진다.

1895년 윤치호의 요청으로 리드 목사가 파송되었고, 그로 인해 조선에서 남감리교[3]가 시작되었다. 1898년에는 여선교사 캠벨이 파견되었다.

조선에 온 캠벨은 현재 종교교회가 위치한 네거리 일대의 고간동(현 내자동)에 '배화학당'을 설립했다. 그리고 1900년 종교교회와 자교교

---

3) 조선에서 먼저 선교활동 중이던 북감리회와 10년 늦게 시작된 남감리회가 통합된 시기는 1930년 12월 2일로, 미국의 남북감리교회 통합보다 빠르다.

▌ 1910년 도렴동에 신축된 종교교회(종교교회 홈페이지)

회의 모태가 되는 '루이스워커 기념 예배당'을 배화학당에 건립했다. 1910년 현재의 도렴동에 종교교회, 1912년에는 현재의 경복궁 서쪽 영추문 앞 창성동에 자교교회가 들어섰다. 종교교회와 배화여고, 자교교회는 선교사 캠벨이 비슷한 시기에 지은 것으로 형제자매 같은 존재라고 할 수 있다.

배화여고는 1916년 현재의 사직단 뒤편 필운동으로 자리를 옮겼다. 세 곳은 경복궁역을 기준으로 걸어서 10분 내외에 위치한다.

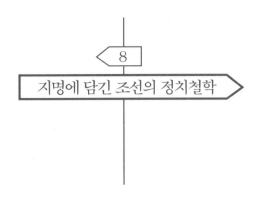

8

지명에 담긴 조선의 정치철학

　종교교회 앞 네거리는 모두 작은 길로 이루어져 있다. 따라서 '세종대로 사거리'처럼 특별한 이름을 갖고 있지 않다. 하지만 백운동천과 사직동천이 만나고, 광화문 앞 옛 육조거리(현 광화문광장)로 이어지는 길이 있어, 이 네거리와 접하는 땅들의 지명이 서로 다르다. 즉, 종교교회가 위치한 도렴동을 비롯해 내자동, 내수동, 적선동으로 불리며, 조선의 역사와 철학을 제각기 품고 있다.

　먼저 서울지방경찰청이 위치한 내자동(內資洞)은 조선시대 궐내에 쌀과 술, 면 등을 공급하던 관아인 내자시(內資寺)가 있었기에 붙여진 이름이다. 그 아래의 용비어천가빌딩이 있는 내수동(內需洞) 역시 궐내에 잡물과 노비 등을 공급하는 내수사(內需司)라는 관아가 있어 붙여진 이름이다. 종교교회가 위치한 도렴동은 궁중 직조물의 염색을 담당하는 관청 도렴서(都染署)에서 유래했다. 이처럼 세 곳 지명은 모두 조선시대 관청 이름에서 비롯되었다.

| 종교교회(서울지방경찰청) 주변의 동 이름

그런데 적선동(積善洞)은 전혀 다른 유래와 뜻을 갖는다. 조선시대에
는 한성부의 행정구역이 동부, 서부, 남부, 북부, 중부 등 5부로 나뉘었
다. 그리고 그 아래에 52개의 방이 있었다. 종교교회 건너편은 당시 서
부 적선방(積善坊)에 해당되었는데, 그 이름을 현재도 사용하고 있다.
조선왕조의 정치철학이 담긴 참으로 멋진 지명이 아닌가 싶다.

적선(積善)이란 단어는 누군가에게 '적선하다'는 식으로 자주 사용
되는 표현이다. 본래 『주역』에 나오는 '적선지가 필유여경'(積善之家 必
有餘慶)에서 비롯되었는데, '착한 일을 많이 하는 집안에는 반드시 경

사가 따른다'는 의미를 갖는다. 주변 사람들에게 선을 베풀며 살아가는 것이 결국 자신에게도 좋다는 것이다.

이곳 지명을 '적선방'이라 한 것은 조선왕조의 궐외각사(궐 밖의 큰 관청)들이 그곳에 많이 위치했기 때문이다. 즉, 조선의 행정관청은 백성들에게 선을 베풀어야 한다는 의미가 담겼다고 할 수 있겠다. 당시 조선시대의 '적선방'에 대응하는 '여경방'(餘慶坊)은 현재의 신문로 일대를 가리켰다.

한편 앞에서 언급한 세종문화회관 뒤쪽은 당주동(唐珠洞)이다. 이는 1914년 행정구역을 재편하면서 당피동(唐皮洞)과 야주현(夜珠峴)을 통합한 것이다.

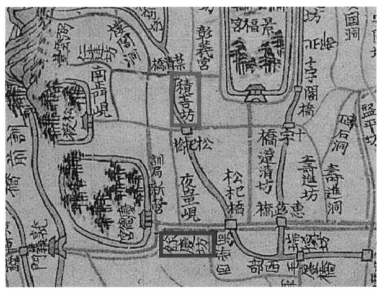

▍『주역』의 '적선지가 필유여경'에서 따온 적선방(빨간색)과 여경방(파란색)의 위치

본래 당피동은 중국 의원 피씨가 살아서 붙여진 이름이다. 야주현
에는 경희궁으로 넘어가는 낮은 고개가 있었다. 그 고개에 서면 경희
궁 정문인 홍화문의 현판이 워낙 명필이라 '밤에도 낮같이 훤한 고개'
라 하여 야주현(夜畫峴) 또는 야조현(夜照峴)이라 불렸다. 그런데 세월
이 흐르며 '낮 주'(晝)가 같은 음의 '구슬 주'(珠)로 바뀌었다. 지명 하나
에도 그 지역의 역사가 살아 숨쉬고 있음을 알 수 있다.

조선의 교육철학이 담긴 지명

적선방과 여경방이 조선의 정치철학을 담은 지명이라면, 교육과 관련된 지명 또한 존재했다.

사극에서 다음 왕위를 이을 왕자를 흔히 '세자마마'라고 칭한다. 더불어 '동궁마마'라는 호칭을 사용하기도 한다. 이는 세자궁이 왕과 왕비가 머무는 내전(內殿) 동쪽에 위치해 붙여진 별칭이다. 세자와 세자빈이 머무는 세자궁을 동궁이라 부르는 것과 같은 이치다. 향후 왕위를 잇게 될 세자는 떠오르는 태양 같은 존재였으므로 궁궐에서 늘 동쪽에 머물렀다.

조선을 이끌어갈 젊은 세대들이 학습하는 곳, 즉 '성균관' 역시 임금이 머무는 법궁을 기준으로 동쪽에 위치했다. 그렇기에 경복궁의 동쪽인 종로구 명륜동에 자리한다.

이 일대의 지명 또한 유생들의 학습과 연관되었다. 성균관이 위치한 명륜동은 성균관 유생들의 강학 건물인 명륜당(明倫堂)을 차용한 것이다. 또 유학의 대강인 인의(仁義), 예지(禮智), 효제(孝悌), 충신(忠信)을 따서 성균관 남쪽인 종로4가와 5가 일대를 인의동, 예지동, 효제동, 충신동이라 이름 붙였는데, 현재도 동이름으로 사용되고 있다. 이는 조선이 후대의 교육과 인재 양성에 얼마나 역점을 두었는지 추측케 하는 대목이다.

해학이 넘쳤던 권율과 이항복

배화여고가 위치한 곳은 종로구 필운동(弼雲洞)이다. 이 지명은 백사 이항복의 집터인 필운대(弼雲臺)에서 가져온 것이다. 이항복은 '필운'을 자신의 '호'(號)로도 사용했다. '필운'이라는 글자 뒤에 붙은 '대'(臺)는 고지대에 펼쳐진 평지를 가리키는데, 세심대·파총대·경무대 등의 지명이 그런 의미로 사용된다.

한편 배화여고 별관 뒤쪽으로 암벽이 있는데, '필운대'라는 큰 글씨와 함께 다음과 같은 내용이 작게 새겨져 있다.

우리 할아버지 옛날 살던 집에 손님이 찾아왔는데
푸른 돌벽에는 흰구름이 깊이 잠겼도다
끼쳐진 풍속이 백년토록 오래 전했으니
옛 조상들의 의복과 모자가 지금까지 전해지고 있다

배화여고 별관 뒤쪽 바위에 한자로 '필운대'(왼쪽)라고 새겨져 있다. 이 일대가 백사 이항복의 집터였음을 짐작케 하는 대목이다. 오른쪽에 이유원의 글이 작게 새겨져 있다.

이 글은 이항복의 9대손 이유원이 고종10년(1889)에 쓴 것으로 확인되었다. '필운대'라는 글씨는 이항복이 썼다는 설도 있고, 이유원이 썼다는 설도 있다.

'이항복' 하면 흔히 이웃에 살던 한음 이덕형과의 우정을 떠올린다. 이항복은 아홉 살 때 아버지를 잃고 어머니의 보살핌 속에서 성장했다. 어린 시절에는 놀기를 좋아해 동네 불량배들의 우두머리로 세월을 보냈다. 하지만 어머니의 간곡한 가르침을 받들어 학업에 정진하게 되었다. 안타깝게도 그의 나이 열여섯 살 때 어머니마저 세상을 떠난다.

당시 영의정까지 지낸 권철(권율의 아버지)은 이항복이 개구쟁이일 때부터 그의 영특함을 알아차렸다. 다음 일화는 너무나 유명하다.

이항복의 집 감나무 가지가 권철의 집으로 넘어가자 그 집 하인들이 자꾸 감을 따먹었다. 항복은 그 일을 꾸짖었지만, 하인들은 주인의 권세를 믿고 담을 넘어온 감이 자신들 것이라 우겼다.

이에 항복은 권철이 머무르던 곳의 방문에 주먹을 찔러 넣고 물었다. "이 주먹이 누구의 것입니까?"

그간의 사정을 전해들은 권철은 어린 항복에게 정중히 사과하고 하인들을 단속했다. 이항복의 됨됨이가 예사롭지 않음을 깨달은 그는 아들 권율에게 이항복을 사위로 삼으라고 권했다. 결국 이항복은 권율의 외동딸을 아내로 맞이하게 되었다.

이것 외에도 이항복이 권율의 사위가 된 뒤 벌어진 재미난 일화들이 많다. 이항복은 '농담의 천재'라는 별명이 붙을 만큼 우스갯소리를 좋아했는데, 장인 권율과 틈만 나면 서로 빈정대고 희롱하는 것을 즐겼다고 한다.

훗날 권율은 자신의 집을 사위에게 내어주고 행촌동으로 이사했다. 어쩌면 장난기 심한 사위와 이웃으로 지내기 힘들어서였을지도 모르겠다. 필운동과 행촌동은 인접해 있지만, 그 사이에 한양도성이 자리하고 있었다. 지리적으로 아무리 가까워도 이항복의 집은 도성 안, 권율의 집은 도성 밖이었던 셈이다.

권율과 행주대첩

우리는 권율 하면 흔히 '행주대첩'을 떠올린다. 3만 왜병을 2,300명의 조선군과 마을 아낙들 힘으로 물리쳤으니 놀라운 일이 아닐 수 없다. 그래서 역사가들은 이것을 진주대첩, 한산도대첩과 함께 임진왜란 3대 대첩으로 기록했다. 하지만 정작 권율은 생각이 달랐다. 그는 이항복에게 이렇게 말했다.

원래 웅치와 이치의 싸움이 더 어려운 여건이었는데, 내가 여기서 싸워 이겨 호남이 보존될 수 있었네. 그러나 행주전투는 이미 적의 기세가 쇠한 상태였고 내가 공이 있던 상태에서 치러진 전투니, 이것이 내가 쉽게 이길 수 있었던 이유지. 하지만 나는 행주싸움으로 세상 사람들에게 알려졌으니 사람 일은 참 모를 일이구만.

_『백사집』

전투를 직접 치른 권율과 그것을 평가하는 역사가들의 시각이 이처럼 다르다니, 참으로 흥미롭다. 어쨌든 그러한 공로 때문에 우리는 그를 자연스럽게 '권율 장군'이라 부른다. 하지만 그는 무관이 아닌 문관이었다.

종로구 행촌동에 위치한 권율 집터. 사진 속 은행나무의 수령은 400년이 넘었으며, 권율의 집 마당에 있었던 것으로 전해진다.

2장

역사와 문화의 보물창고
서촌

사직동 ●

체부동 ●

통의동 일대 ●

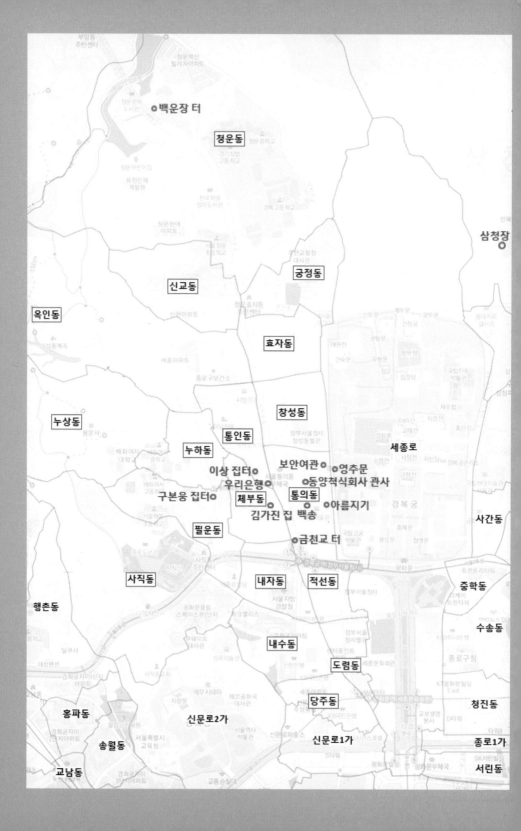

10

사직단을 통해 본 한양도성의 배치도

TV 사극을 보노라면 '종묘사직'이라는 단어가 자주 등장한다. 바로 그 종묘사직의 한 축인 사직단이 종교교회 네거리의 서쪽 길 끝에 있다.

'종묘'는 역대 국왕과 왕비의 신주가 모셔진 곳으로 왕조의 정통성을 상징하는 공간이다. 한편 '사직단'은 국가에서 '토지의 신'인 '사'(社)와 '곡식의 신'인 '직'(稷)에게 제사를 지내던 곳이다. 결국 종묘와 사직은 나라와 왕실의 상징인 셈이다.

조선이 개경에서 한양으로 천도할 때 경복궁이나 한양도성보다 먼저 건설한 것이 종묘와 사직단이다. 『주례』 '고공기'(考工記)에 따라 좌묘우사(左廟右社)를 원칙으로 삼아, 궁궐 왼쪽에 종묘를, 오른쪽에 사직단을 두었다.

또한 도성 건설의 원칙인 전조후시(前朝後市)에 따라 궁궐 앞으로는 조정을, 뒤로는 시장을 두어야 했다. 따라서 경복궁 앞에 육조거리를 건설했다. 하지만 한양은 백악(북악산)을 주산으로 궁궐을 지었기에 궁궐 뒤가 아닌 종로와 남대문로에 시장을 조성했다. 조선이 도성을 건설할 때 『주례』 '고공기'를 맹목적으로 따르지는 않았음을 알 수 있는 대목이다.

이러한 특징은 성곽 모양에서도 나타난다. 『주례』에서 성곽은 원칙적으로 네모나 원을 지향한다. 하지만 조선의 경우 자연 지형을 반영해 축조되었다. 중국 '자금성'의 경우 평지에 네모반듯하게 만들고 그 뒤에 작은 인공산을 두었다. 그에 비해 조선은 산을 기준으로 분지에 축조했다. 따라서 궁궐과 도성 형태가 서로 다르다.

같은 유교문화권이었지만 조선은 이처럼 자기 환경과 조건에 맞는 '자주적이고 독창적인 성곽 축조의 관념'을 보유했다.

조선시대 왕은 사직단에 제사를 지낼 때 어떤 경로로 이동했을까. 현재 기준으로 보면, 경복궁 정문인 광화문에서 서쪽의 '사직터널'로 이어지는 길을 이용하면 제일 가깝고 편하다. 하지만 조선시대는 물론 일제강점기에도 그 길은 존재하지 않았다. 뿐만 아니라 한 나라의 왕이 사직단에 들어설 때 정문을 바로 보지 않고 몰래 옆으로 들어가듯 행차할 수는 없었을 것이다.

당시 임금의 사직단 행차는 지도에 점선으로 표시한 길을 따라 진행되었다. 그래야 만조백관을 거느린 채 사직단 정문을 마주보고 제단에 다가설 수 있었다. 종교교회 앞 네거리가 조선 국왕들이 518년 동안 사직단에 제사를 지내기 위해 지나가던 길이었다고 생각하면 왠지 느낌이 특별해진다.

일제강점기에 조선의 상징적 표상들이 곳곳에서 훼손되었는데, 조선의 법궁이었던 경복궁을 먼저 살펴보자. 1915년 '시정5년기념 조선

물산공진회'를 개최한다는 명목으로 광화문에서 근정전 사이에 있던 궐내각사 대부분의 전각이 철거되고 일본식 건물들로 채워졌다. 또한 1917년 화재로 소실된 창덕궁 내전 희정당과 대조전 복원공사에 경복궁 내전 강령전과 교태전이 이용되었다. 1931년에는 경복궁에서 동대문으로 이어지는 현재의 율곡로가 개통됨으로써 조선왕실의 역사적 정통성을 표상하는 종묘가 창덕궁과 분리되었다.

조선왕조의 정체성을 해체하는 작업은 사직단 역시 비껴가지 않았다. 1923년 총독부는 사직단을 공원으로 격하시켜 신성성을 배제하려 했다.

　종묘사직의 상징성은 해방 이후 도시 개발이란 명분하에 물리적으로 더욱 파괴되었다. 삼각산 주맥은 성균관 뒷산인 응봉으로 이어져 종묘에서 끝을 맺어야 한다. 하지만 일제강점기 율곡로 건설로 단절되었고, '불도저 시장'으로 일컬어진 김현옥 서울시장이 거대한 콘크리트 덩어리인 세운상가를 1967년 종묘의 정문 앞에 세웠다. 종묘는 그로 인해 뒤는 잘리고 앞은 막힌 고아 상태가 되고 말았다.

　1967년에는 사직터널 개통에 따른 도로 확장으로 사직단 정문이 14미터 뒤로 물러나는 상황이 벌어졌다. 어디 그뿐인가. 이듬해 수영장이 만들어지고, 종로도서관, 단군성전 등 여러 건축물이 들어서면서 사직단의 신성성은 역사책에서나 찾아볼 수 있게 되었다.

　다행히도 창덕궁과 종묘를 가르는 율곡로를 지하화함으로써 두 곳을 잇는 복원사업이 현재 진행 중이다. 사직단 역시 공원 내의 역사유물 발굴 작업이 이루어지고 있다. 외세와 도시 개발이란 미명하에 잊고 지내온 우리 역사를 돌이켜보고 그 소중함을 깨닫는 계기가 되기를 소망한다.

11

서울지방경찰청 터가 전하는 슬픈 역사

종교교회 네거리에서 백운동천의 북서쪽에 해당하는 종로구 내자 동에는 현재 '서울지방경찰청'이 자리잡고 있다. 이곳에 들어선 최초의 고층건물은 1935년 일본 미쿠니(三國)석탄회사의 4층짜리 사원아파트였다. 1930년 회현동에 지어진 같은 회사의 3층짜리 사원아파트와 함께 우리나라 아파트의 시원을 열었다고 할 수 있다.

내자동 미쿠니아파트는 해방 후 주한미군에게 무상공여되었는데, '내자호텔'로 불리며 주한미군 숙소로 사용되었다. 이곳이 우리에게 널리 알려진 계기는 1979년 발생한 10·26 사태이다.

당시 박정희 대통령이 중앙정보부장 김재규에게 암살된 곳은 관제 요정이던 '궁정동 안가'(현 무궁화동산, 종로구 궁정동 55-3)였다. 젊은 여인 둘이 그의 술시중을 들었는데, 약 200명에 이르는 박정희의 여인들이 호출을 받고 대기하던 곳이 대부분 내자호텔 1층 커피숍이었다.

한국 현대사의 일부를 보여주는 유서 깊은 곳이지만, 1990년 사직

▌ 종로구 내자동에 위치한 서울지방경찰청

터널이 2개에서 3개로 늘어나며 사라졌다. 그런데 당시 도로 확장을
위한 내자호텔 반환협상에서 주한미군의 압력 행사와 우리 외교부의
굴종적 상황이 뒤늦게 밝혀졌다. 1988년 7월 "무상대여한 내자호텔
을 반환하는 조건으로 48억 원을 지급하는 것은 부당하다"고 맞선 유
광석 미주국 안보과장이 미군측 로비로 전보(일본 연수)되었던 것이다.
　1991년 주한미군 용산기지 이전 협상에 나선 반기문 당시 외무부 미
주국장은 자신도 그런 피해를 입을까봐 미군이 일방적으로 작성한 서
류에 서명했다. 이는 안기부의 내부문건 〈용산기지 이전 합의각서 관련
대책 필요〉에 의해 밝혀졌다. 이런 굴종적인 협상으로 우리는 9조 원에
이르는 경제적 부담을 지게 되었다.

우리나라 최초의 일반 임대아파트

1932년 조선주택영단에서 건설한 '도요타(豊田)아파트'(현 충정아파트, 서대문구 충정로3가 250-5)는 우리나라 최초의 일반인 상대 임대아파트이다.

1979년 도로 확장으로 일부 잘려나갔지만 아직도 존재해 우리나라 초기 아파트 모습을 확인할 수 있다. 충정아파트는 6·25 때 인민군의 재판소로 사용되기도 했다.

충정로에 위치한 도요타아파트

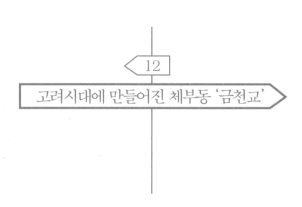

12

고려시대에 만들어진 체부동 '금천교'

서울지방경찰청을 지나 백운동천 물길(현 자하문로)을 따라 올라
가면 지하철 3호선 경복궁역이 나온다. 큰 길을 건너 백운동천 물길을
기준으로 삼으면 서쪽이 체부동, 동쪽이 통의동이다.

경복궁역 교차로에는 한양도성의 다리 가운데 가장 오래된 '금천
교'(禁川橋, 훗날 금청교禁淸橋로 통칭)가 약 600년(고려 충숙왕 때 건설) 동안
자리했다. 하지만 1928년 도로 확장으로 사라졌고, 지금은 그 위를 차
들이 쌩쌩 달리고 있다.

흔히 고려시대 문화재라고 하면 청자나 불상, 금속활자 등을 떠올
린다. 그것들 역시 우리 문화를 꽃피운 존재들이기에 더없이 소중하
다. 하지만 고려시대 다리가 지금도 존재한다면 얼마나 좋을까 하는
생각이 든다.

왕부터 무지렁이 백성들까지 모두 함께 밟고 건너지 않았겠는가.
금천교가 현존했다면 우리 역시 일상생활 속에서 고려시대를 마음껏

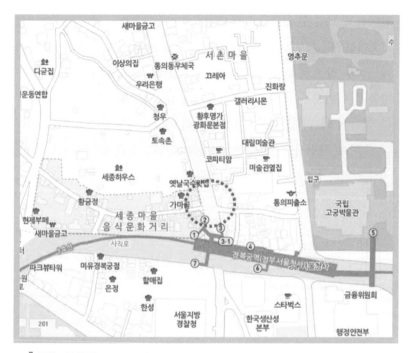

금천교의 위치(점선으로 표시)

고려 때 건설된 금천교, 1928년 도로 확장으로 매몰되기 전까지 서울에서 가장 오래된 다리였다.

2장 역사와 문화의 보물창고 서촌_ 사직동, 체부동, 통의동 일대

상상하고 느낄 수 있었을 것이다.

오래전부터 체부동 일대에서 문을 열어온 시장 역시 다리 이름 때문에 '금천시장'으로 불렸다. 그런데 종로구청에서는 최근 이 일대를 '세종마을'로 이미지 메이킹하고자 '세종마을 음식문화거리'로 홍보하고 있다. 따라서 외지인들로서는 시장의 본래 이름을 알기가 더욱 어려워졌다. 오히려 '금천시장'이라는 옛 이름을 내세워 그 유래를 알리고, 이곳 역사를 널리 공유하는 게 더 바람직하지 않을까.

일반명사로서 금천교는 궁궐여행 때 흔히 접하게 되는 단어이다. 경복궁, 창덕궁 등의 궁궐에서 광화문, 돈화문 등 궁궐 정문을 지나면 가장 먼저 만나게 되는 것이 작은 물길이다. 궁궐 안에 있는 물길을 금천(禁川)이라 부르는데, 그곳을 건너는 다리를 금천교라 부른다. 따라서 이때 금천교는 고유명사가 아니다. 대개 산에서 내려오는 자연하천을 인위적으로 끌어와 궁궐 안팎을 구분하고 배산임수의 의미를 살리기 위한 명당수이다.

일반명사로서 금천교는 각각 고유한 명칭을 갖고 있었다. 경복궁의 금천교는 '영제교'이고, 창덕궁의 금천교는 '비단 금'(錦) 자를 써서 독음은 같지만 뜻이 다른 '금천교'(錦川橋)이다. 체부동 금천교는 훗날 금청교라 많이 불렸고, 지도에도 금청교로 표기된 예가 더 많다. 체부동 금천교의 뒤를 이어 현재 가장 오래된 다리 역시 같은 이름을 가진 창덕궁의 금천교(錦川橋)이다. 이는 1411년 (태종 11년) 창덕궁 건설 당시 축조된 돌다리이다.

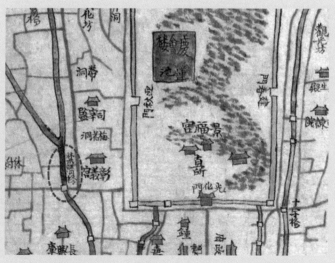

도성전도(1834)에
표기된 금천교

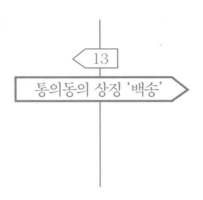

13

통의동의 상징 '백송'

경복궁역 교차로 건너 자하문로 오른쪽 일대가 통의동(通義洞)이
다. 조선시대 한성부 5부 52방 가운데 하나인 의통방(義通坊)으로 불리
던 곳인데, 갑오개혁 때 통의방(通儀坊)으로 명칭이 바뀌었다.[4]

통의동 35번지 일대는 조선 영조의 잠저인 창의궁(彰義宮)이 있던
곳으로, 대로변에 창의궁 터라는 표석이 있다. 잠저(潛邸)란 국왕의 장
자로 태어나 왕세자가 된 것이 아니라 다른 방법이나 어떤 사정으로
임금에 추대된 사람이 왕위에 오르기 전 살던 집을 가리킨다. 숙종의
차남으로 태어난 영조는 1712년 2월부터 1721년 8월까지 그곳에 머
물렀다.

---

4) 통의동처럼 조선시대 지명을 사용하는 곳들이 지금도 있다. 당시 한성부를 구성하던 5부
52방의 명칭 가운데 종로구 적선동(積善洞), 가회동(嘉會洞), 안국동(安國洞), 서린동(瑞麟洞)이
그러하다. 반면 청계천 이남의 중구는 일제강점기 때 일본인들이 주로 거주하며 명칭조차 일
본식으로 바뀐 경우가 많다.

천연기념물 4호로 지정되었던 통의동 백송. 이것 때문에 이 일대를 흰소나뭇골, 백송동으로 불렀다.

추사 김정희의 집인 월성위궁 역시 이 일대에 자리했다. 김정희의 증조부인 월성위 김한신은 영조의 딸 화순옹주와 혼인해 부마가 되었다. 영조는 김한신을 위해 자신의 잠저 옆에 집을 지어주었다. 그것이 월성위궁으로, 추사 역시 그곳에서 태어나 자랐다.

월성위궁 터에는 약 600년 된 백송이 있었다. 백송은 중국 베이징 부근이 원산지로 한반도에 들어온 시기는 명확하지 않다. 그저 중국을 왕래하던 사신들에 의해 옮겨진 것으로 추측될 뿐이다. 다 자란 백송은 풍모가 눈에 띄는 데다, 생장이 느리고 옮겨심기가 어려워 예전부터 귀하게 대접받았다.

실제로 우리나라에서 크게 자란 백송들은 대부분 천연기념물로 지정되었다. 가장 오래된 통의동 백송의 경우 천연기념물 4호였는데, 안타깝게도 1990년 태풍으로 쓰러지고 말았다. 문화재청과 마을 주민들이 백방으로 노력했지만, 생물학적 고사가 진행되어 천연기념물에서 제외되었다. 현재는 백송의 그루터기와 주변에 심어진 몇 그루의 어린 백송이 후계목 자격으로 사람들을 맞이하고 있다.

█ 골목길 오른쪽으로 동일하게 지어진 주택들이 동양척식회사 관사로 사용되었다.

이렇게 조선시대를 지켜온 창의궁과 월성위궁 터는 외세에 의해 완전히 다른 공간으로 변질되었다. 1908년 '동양척식회사'가 설립되고 통의동 일대가 동양척식회사의 사택지로 지정되면서 도시계획에 따라 격자형 택지가 조성되었다. 해방 후 적산처리되어 민간인에게 불하되었는데, 골목길 형태며 몇몇 집들은 당시 모습을 여전히 간직하고 있다.

한편, 통의동에는 전통문화의 보존 및 현대적 계승을 목적으로 하는 비영리법인 '아름지기'가 위치해 있다. 2017년 건물이 완공되었는데, 이사장은 홍석현 중앙일보 회장의 부인 신연균이며, 운영위원회

■ 홍석현 소유의 삼청장(①)과 맞교환된 국유지(②, ③)

■ 종로구 삼청동 땅과의 맞교환으로 종로구 통의동에 건립된 '아름지기' 사옥

임원으로 홍라희 리움미술관장, 이명희 신세계 회장의 장녀 정유경 신세계 부사장 등 '삼성가 여인들'이 활동 중이다. 이 단체의 폐쇄성 등을 이유로 '아름지기'가 삼성가 안주인들의 고급 사교모임이라며 폄훼하는 시각도 있다. 반면에 궁궐 보존 등 공공기관이 못하는 일을 아름지기 같은 단체가 하고 있다며 노블레스 오블리주의 실천으로 평가하기도 한다.

이 단체의 목적이나 성격과 별개로, 아름지기 건물이 통의동에 들어선 과정은 우리에게 많은 것을 상상하도록 만든다.

2011년 정부는 중앙일보 홍석현 회장 소유의 삼청장(삼청동 145-20)을 매입하는 과정에서 통의동(35-32, 35-33) 및 청운동(89-149) 땅과 맞교환했다. 삼청장의 경우 2009년 공매 당시 감정가 약 78억 6천만 원이던 것을 홍 회장이 40억 1천만 원에 낙찰받은 것이고, 대체부지로 넘겨준 통의동과 청운동 땅의 감정가는 97억 원이었다. 시세는 그보다 차이가 더 컸다. 특히 통의동 땅은 경복궁역 바로 옆이라 훨씬 높게 거래되었다. 결과적으로 홍석현 회장은 2년 만에 53억여 원의 시세차익을 본 셈이다. 이 과정에서 정부와 이면거래가 있었을 거라는 의혹이 제기되기도 했다.

더욱이 이 일대는 지하층을 개발하기가 쉽지 않았다. 하지만 관련 부분의 허가를 받아 특혜논란이 일기도 했다. 아니나 다를까 공사 도중 여러 유구가 발견되었다. 그럼에도 그에 대한 간단한 내용만 신축 건물 안내에 소개되고 있다.

'삼청장'을 통해 본 질긴 친일의 역사

조선 말기 및 일제시대 최고 부자는 단연 친일파 민영휘였다. 현재 대한민국 1위 부자인 삼성그룹 이건희 회장조차 그에 이르지 못하며, 앞으로도 마찬가지일 것이다.

삼청장은 민영휘의 막내아들 민규식 소유였다. 우리나라가 해방되고 정국이 변하자 민규식은 임시정부 부주석을 역임한 우사 김규식에게 그곳을 쓰게 했다. 하지만 1950년 12월 평북 만포진 부근에서 김규식이 사망함으로써 다시 민규식 소유가 되었다.

2007년 친일반민족행위자 재산조사위원회는 민영휘 후손 명의의 재산을 국고로 환수했다. 2009년 한국자산관리공사가 이를 공매했고, 결국 중앙일보 홍석현 회장에게 낙찰되기에 이른다.

삼청장의 소유권 변화를 통해 참으로 질긴 친일의 뿌리를 발견하게 된다. 민영휘의 아버지 민두호는 명성황후의 친척오빠인데, '민 쇠갈고리'로 불릴 만큼 소문난 탐관오리였다. 그런 아버지 밑에서 자라난 민영휘는 조선 말기와 일제강점기 때 조선 최고의 부자가 되었고, 그 후손들은 지금도 수많은 재산을 보유하고 있다. 삼청장은 그 가운데 소소한 일부일 뿐이다.

그 삼청장을 낙찰받은 홍석현 집안은 어떤가. 그의 부친 홍진기는 일제강점기에 판사를 지낸 친일파로, 2009년 발간된 『친일인명사전』에 올라 있다. 홍진기의 장인인 김신석 역시 총독부 중추원 참의로 재임했으며, 1944년 『경성일보』에 "조선의 부형들은 어린 딸을 여자 정신대로 안심하고 보내라"는 글을 기고했다. 그 또한 『친일인명사전』에 등재되어 있다.

홍진기는 1959년 법무부장관으로 재직하며 죽산 조봉암의 사형명령에 서명했고, 다음날 조봉암은 형장의 이슬로 사라져갔다. 뿐만 아니라 1960년 내무부장관 시절에는 4·19 시위자들에게 발포명령을 내렸다. 그는 4·19 이후 사형선고를 받았지만 시간이 흐른 후 석방되었고, 이병철과 사돈을 맺은 뒤

중앙일보 사장에 올랐다.

위에서 언급한 친일파들은 모두 사망한 상태이다. 하지만 그 뿌리는 여전히 뽑히지 않았다. 민영휘의 아들 민규식 소유의 삼청장이 홍진기의 아들 홍석현 소유가 되었으며, 이병철의 아들 이건희는 홍진기의 사위가 되었다. 참으로 질긴 친일의 역사가 아닐 수 없다.

14

식민지 침탈의 역사가 서린 영추문

홍석현의 통의동 부지에서 경복궁 담장을 따라 100미터쯤 올라가면 경복궁의 서쪽 문인 '영추문'(迎秋門)이 나타난다. '가을을 환영한다'는 의미인데, 풍수지리상 서쪽이 가을을 상징해 붙여진 이름이다. 반면에 동쪽은 봄을 상징하므로 경복궁 동쪽 문은 '건춘문'(建春門)이라고 부른다.

영추문이 있는 경복궁 서쪽 담장은 1920년대에 여러 가지 풍파를 겪었다. 총독부는 1923년 10월 5일 경복궁에서 개최 예정이던 '조선부업품공진회'에 맞춰 출입구인 영추문까지 전차를 개통하기로 했다. 그 과정에서 선로를 곡선으로 설치하기 위해 경복궁 서쪽 모서리에 있던 '서십자각'이 철거되었다. 또 광화문 앞에 있던 해치마저 본래의 자리를 잃는 수난을 겪었다.

나중에 '동십자각' 방향으로도 전차 선로가 만들어졌다. 하지만 광화문에서 안국동 방향으로 이어지는 직선 선로만 개설되어 동십자각

▌1926년 순종 승하 이틀 뒤 붕괴된 영추문(『매일신보』 1926년 4월 29일)

▌가을을 환영한다는 의미의 '영추문'. 경복궁 4개 대문 중 유일하게 콘크리트로 만들어졌다.

은 그나마 철거 위기를 면할 수 있었다. 안국동이 아닌 삼청동 방향으로 전차 선로가 만들어졌다면 동십자각 역시 사라졌을 것이다.

하지만 1929년 5월 개최된 '조선박람회' 때문에 동십자각은 수난을 겪었다. 당시 건춘문 쪽으로 옮겨졌던 광화문이 박람회 출입문으로 사용되면서 200만 관람자들의 편의를 위해 현 삼청로를 확장했다. 그리하여 동십자각은 마치 양자로 보낸 자식처럼 경복궁 담장에서 떨어져 나갔다.

한편, 황제였으되 그 위세와 위엄은 전혀 누리지 못한 조선의 마지막 군주 순종이 1926년 4월 25일 창덕궁 대조전에서 승하했다. 비보를 접한 식민지 백성들은 애도의 눈물을 흘릴 뿐이었다. 그런데 순종이 승하한 지 이틀 만에 영추문 문루와 담장이 무너져 내렸다. 그 붕괴의 원인을 추적하다 보면 식민지 침탈의 역사가 여실히 드러난다.

1905년 을사늑약 이후 우리 민족은 반식민지 상태였다. 1910년 공식적으로 식민통치에 들어간 일본은, 한일합방이 조선 근대화에 기여

경술국치 5년 뒤 조선의 법궁을 헐어낸 자리에서 개최된 시정5년기념 조선물산공진회에 몰려든 조선인들(총독부 사진 엽서)

했다고 선전하기 위해 1915년 '조선물산공진회'를 개최한다. 그들은 행사장이었던 경복궁 내 전각을 철거하고 새로운 건물들을 지었다. 뿐만 아니라 그 이듬해부터 총독부 건물을 신축하기 시작했다. 경복궁은 그야말로 연중무휴 공사판이었다.

그 과정에서 수많은 자재들이 경복궁으로 반입되었는데, 주로 전차가 이용되었다. 설상가상으로 경복궁 서쪽 담장에 선로가 바짝 붙어 있었다. 결국 진동이 누적되면서 담장과 문루가 무너져내린 것이다.

그러자 일제는 조선 백성들의 시야에서 아예 영추문을 사라지게 만들었다. 경복궁 서문이 없는 상태는 해방 후에도 계속되었다. 그러다 1975년 박정희정권 때 복원되었다. 하지만 당시 광화문이 그랬던 것처럼 영추문 역시 콘크리트로 만들어졌다. 뿐만 아니라 본래 위치가 아닌, 남쪽으로 50미터쯤 아래에 복원되어 지금까지 이어지고 있다. 참고로 경복궁의 대문은 이곳을 비롯해 광화문, 건춘문, 신무문 등 모두 4곳이다. 광화문이 2010년 목재로 복원됨으로써 이제 콘크리트 대문은 영추문이 유일하다.

전차 개통으로 원래 자리를 잃어버린 해치에 대해 좀더 알아보자. 현재 광화문 양 옆으로 두 개의 해치상이 있다. 그런데 이것은 지금보다 훨씬 앞쪽인 사헌부 자리(현 세종문화회관 북쪽 세종로공원)에 있었다.

해치가 불을 먹어 치운다는 전설 때문에 풍수지리상 화산(火山)인 관악산의 화기를 막기 위한 것이라는 설이 있다. 하지만 실제로는 대원군이 경복궁을 중창할 때 왕권을 강화하기 위한 상징성의 일환으로 세운 것이다. 현재의 왕이 성군임을 칭송하는 동시에 입궐시 마음을 가다듬고 공손한 자세를 갖게 하기 위함이었다. 따라서 이곳부터 경복궁이 시작된다고 할 수 있다.

입궐하려면 해치상을 기준으로 탈것에서 내려 마음을 가다듬고 걸어가야 한다. 예전 사진을 보면 해치 앞에 'ㄴ'자 모양의 돌이 있는데, 탈것에서 내리기 위한 하마석이다.

해치는 고대부터 전해 내려오는 상상 속 동물로, 뿔이 하나고 성품이 충직한 것으로 알려져 있다. 사람들이 싸우면 바르지 못한 자를 들이받고, 서로 따지는 것을 보면 바르지 못한 자를 문다고 한다. 그렇기에 시정의 잘잘못을 따지고 관리들의 비리를 조사해 탄핵하는 사헌부 대문 앞에 세운 것이다. 사헌부 관헌들은 치관(豸冠)이라 하여 해치로 장식된 모자를 썼으며, 대사헌의 관복 흉배에 해치를 넣었다. 그러한 의미는 오늘날에도 이어져 국회의사당, 대검찰청, 사법연수원 등에 해치상이 설치되어 있다.

1904년 미국 외교관 윌러드 디커맨 스트레이트(Willard Dickerman Straight)가 찍은 사진으로, 해치의 본래 위치를 알 수 있다.

15

생명파를 잉태시킨 보안여관

영추문 맞은편 쪽으로 2층 슬라브 벽돌건물에 목욕탕 표시가 생뚱맞게 그려진 '보안여관'이라는 낡은 간판이 보인다. 1930년대에 문을 연 이 여관은 오랜 세월 수많은 나그네들의 고단함을 품어주었을 것이다. 그러나 이제는 더 이상 여관이 아니다. 그저 과거를 모두 지운 채 떠나기가 아쉬워 간판만 남겨놓은 곳이다.

보안여관은 초고속으로 변화하는 현실세계를 더 이상 따라가기 어려워 2004년 결국 문을 닫았다. 이로써 그곳의 이용료는 '숙박 15,000원, 대실 10,000원'에서 멈추었다. 그리고 2007년 열세 칸의 작은 방에 숨은 나그네들의 내밀한 사연과 욕망의 흔적을 보듬고 '복합문화예술공간'으로 새롭게 탄생했다.

이제는 과거와 완전히 다른 공간으로 사용 중이지만, 보안여관은 우리 문학사에 뚜렷한 족적을 남겼다. 1936년 22세의 서정주가 이곳에 짐을 풀고 투숙한다. 그리고 김동리, 오장환, 김달진 등과 문학동인지

▌ 1930년대에 건설되어 생명파 동인지『시인부락』을 탄생시킨 보안여관의 현재 모습

『시인부락』을 창간한다. 비록 통간 2호로 끝났지만, '생명파'의 구심점
이 된 동인지로 평가받고 있다.

　서정주에 대한 인물평은 극과 극이다. '문학적 천재성' 대 '철저한
친일파이자 해방 후에도 늘 권력 주변을 맴돈 인물'이라는 평가가 양
립한다. 좀 더 많은 시간이 흘러야 공정하고 객관적인 평가가 가능해
질 것이다.

　서정주가 동인지『시인부락』에서 사용하는 '부락'이라는 단어는 일
본에서 건너왔다. 부락에 사는 사람, 즉 부락민은 일본에서 부라쿠민
(部落民, ぶらくみん)이라 부르며 불가촉천민을 의미한다. 따라서 부락이
란 표현이 당시 조선총독부의 식민지 정책에 의한 것임을 알 수 있다.
우리나라 고유의 '동네' '마을' '고을'이라는 표현 대신 '부락'이라는
이름을 덮어씌운 것이다.

결국 이는 조선사람 모두를 '부라쿠민'으로 격하시키겠다는 의미 아닌가. 문학천재로 불리는 그가 그러한 부분을 몰랐을 리 없다. 특히 '언어의 마술사'로 일컬어지던 시인 아니던가. 참으로 안타깝게 느껴지는 대목이다.

문학가들과의 이러한 인연으로 보안여관은 해방 후 지방 문학예술인들이 서울에 올라와 장기투숙하는 공간으로 많이 이용되었다. 군사독재 시절

1936년 창간된 생명파 문학동인지 『시인부락』

에는 청와대 직원들이 주요 고객이었고, 경호원 가족의 면회장소로도 사용되었다고 한다. 이 때문에 보안여관을 '청와대 기숙사'로 기억하는 사람들이 지금도 존재한다.

여관 이름에 왜 '보안'이라는 단어가 사용되었는지는 알려지지 않았다. 여러 번 주인이 바뀌면서 그 부분은 미지의 영역이 되고 말았다. 청와대와 인접해 있기 때문이라는 설도 있지만, 그 전부터 보안이라는 단어가 사용되었다고 한다.

보안여관의 동쪽, 경복궁 건춘문 앞에 있던 국군보안사가 문득 떠오른다. 1970년대에 무소불위의 권력을 휘두르고, 결국 12·12 쿠데타를 주도해 제5공화국을 만든 국군보안사. 가수 서태지에게 '소격동 시대'라는 노래를 만들게 한 곳. 경복궁 서쪽에는 보안여관이, 동쪽에는 보안사가 위치하던 이상한 우연에 잠시나마 상상의 나래를 펼쳐본다.

서정주의 집 '봉산산방'은 관악구(남현동 1071-11)에 있다. 1969년 직접 지어 2000년 그가 사망할 때까지 머무른 곳이다. 2003년 관악구

에서 매입해 2011년부터 '서정주기념관'으로 시민들에게 공개되고 있으며, 2015년 서울시 미래유산[5]으로 지정되었다.

지어진 지 50년도 안 된 2층 양옥집으로 건축학적 가치는 크게 없어 보인다. 오직 서정주라는 이름 때문에 미래유산으로 선정되었을 것이다. 과연 그곳을 찾는 관광객들에게 서울시는 무엇을 보여주고 싶었던 걸까.

자살특공대(가미카제)가 되어 사망한 조선 청년의 죽음을 찬양한 그의 시 「마쓰이 오장 송가」(松井伍長頌歌)를 그곳에 전시해두면 어떨까

---

5) 문화재로 등록되지 않은 서울의 근현대 문화유산 중 미래세대에게 전달할 가치가 있는 유·무형의 것을 선정해 보존하는 제도이다.

하는 생각이 든다. 하지만 이는 과도한 요구일 수 있다. 그 시가 그곳에서 쓰여진 것은 아니기 때문이다.

1992년 서정주는 월간 『시와 시학』에서 "국민총동원령의 강제에 따라 어쩔 수 없이 징용에 끌려가지 않기 위해 친일문학을 썼다"고 주장했다.

그렇다면 1987년 그가 봉산산방에서 쓴 「전두환 대통령 각하 56회 탄신일에 드리는 송시」를 전시하는 건 어떨까.

> ......
> 1986년 가을 남북을 두루 살리기 위한
> 평화의 댐 건설을 발의하시어서는
> 통일을 염원하는 남북 육천만 동포의 지지를 받고 있나니
> 이 나라가 통일하여 흥기할 발판을 이루시고
> 쉬임 없이 진취하여 세계에 웅비하는
> 이 민족 기상의 모범이 되신 분이여!
> 이 겨레의 모든 선현들의 찬양과
> 시간과 공간의 영원한 찬양과
> 하늘의 찬양이 두루 님께로 오시나이다

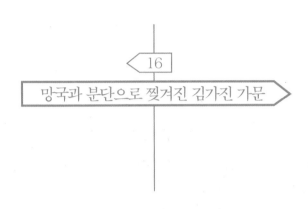

망국과 분단으로 찢겨진 김가진 가문

백운동천 물길이 흐르는 자하문로로 가서 길을 건너면 널리 알려진 맛집 '토속촌삼계탕'(종로구 체부동 86)이 나온다. 꽤 큰 한옥 입구의 세로 간판 아래로 길게 늘어선 손님들을 어렵지 않게 만날 수 있다.

음식도 음식이지만 고 노무현 대통령이 현직에 있을 때조차 즐겨 찾던 곳임이 알려지면서 인기가 더욱 높아졌다. 하지만 대통령 단골집이라는 명성이 꼭 긍정적인 측면만 있는 것은 아닌 듯하다. 이명박 정부가 들어선 뒤 이곳 식당마저 세무조사를 받는 상황이 벌어졌기 때문이다.

'토속촌삼계탕'은 장사가 잘 되자 옆집을 사들여 가게를 넓혔는데, 지금의 주차장 쪽으로 확장된 공간이다. 그런데 그 집이 바로 독립운동가 동농 김가진이 중국으로 망명하기 직전 살았던 곳이다.

김가진은 병자호란 때 청나라와 싸우다 강화성이 함락되자 문루에 있던 화약에 불을 지르고 순직한 척화파의 거두 김상용의 12대손이

종로구 체부동의 유명 맛집 '토속촌삼계탕'. 주차장 쪽 가옥은 동농 김가진이 상하이로 망명하기 직전 살았던 곳이다.

다. 대한제국 시기 입헌군주론을 주장했으며, 독립협회 창립 당시 8인 위원으로 선출되었던 그는 1904년 59세의 나이로 종1품 승정대부의 반열에 올랐다.

나라가 위기에 처하자 대한협회, 대한자강회, 기호흥학회 등을 기반으로 애국계몽운동을 펼쳤지만, 개인의 힘으로 바꿀 수 있는 상황이 아니었다. 1910년 한일합방이 이루어졌고, 그는 칩거에 들어갔다.

총독부는 대한제국 중신들에게 작위를 주었는데, 김가진에게도 남작 작위를 수여했다. 이에 대해 그는 가타부타 언급하지 않았다. 하지만 작위에 따른 연금 수령을 단호히 거부했다.

자하문터널 동쪽에 동농 김가진의 글씨로 '백운동천'이라 새겨진 각자바위가 있다. 이곳이 그가 거주한 본래의 집터였음을 알 수 있다.

당시 그가 거주한 곳은 체부동이 아니었다. 약 1만 평에 이르는 청운동 1-10번지 일대로, 현 자하문터널 오른쪽 예수그리스도후기성도교회(몰몬교회)와 청운벽산빌리지를 아우르는 '백운장'이었다. 하지만 1917~18년경, 당시 집안일을 맡아보던 집사가 이 집을 동양척식회사에 저당잡히는 바람에 소유권이 넘어갔다.

상황을 몰랐던 김가진은 원인무효소송을 제기했다. 하지만 당장 집을 비워줘야 했다. 그리하여 일단 사직동(사직동 162)으로 짐을 옮겼고, 1919년 규모를 대폭 줄여 체부동 86번지로 다시 이사했다. 그 집이 바로 토속촌삼계탕이 확장한 곳이다.

이곳으로 이사할 즈음 3·1운동이 일어났다. 당시 그의 나이는 74세였다. 노구임에도 비밀독립운동 조직인 대동단 총재직을 수락한 김가진은 그 해 10월 아들 김의한과 중국 상하이로 비밀리에 떠났다. 망명

남과 북, 중국으로 흩어진 동농 김가진의 가족들

평양 재북인사묘
김의한
김가진
상하이 송경령능원
정정화
대전 국립현충원

길 열차에서 그는 다음과 같은 시를 남겼다.

나라는 깨지고 임금은 망하고 사직도 기울었는데
부끄러움 안고 죽음을 견디며 지금껏 살았구나
늙은 몸이지만 아직 하늘을 뚫을 뜻이 남아
단숨에 높이 날아 만릿길을 떠나가네
민국의 존망 앞에 어찌 이 한몸 돌보랴
천라지망 경계망을 귀신같이 벗어났네
누가 알아보랴 삼등열차 안의 이 나그네가
누더기 걸친 옛적의 대신인 것을

아들 김의한과 중국으로 망명한 그는 대동단 총재와 임시정부 고문으로 활동했다.

이듬해 며느리 정정화가 시아버지와 남편의 뒷바라지를 위해 상하이로 찾아온다. 그녀는 여섯 차례나 국내를 오가며 독립운동 자금을 마련하는 등 그야말로 임시정부의 안살림을 도맡았다.

김좌진의 권고로 무장투쟁을 위해 만주로 가려 했던 김가진은 1922년 77세의 나이로 사망했다. 조국의 해방을 보지 못한 건 물론이고, 육신마저 이국땅에 의탁해야 하는 신세가 된 것이다.

해방이 되자 김의한 내외는 우리나라로 돌아왔다. 하지만 또 다른 전쟁의 소용돌이 속에서 김의한은 북을 선택했다. 전쟁도 분단도 잠시일 거라고 생각했지만, 그 후로 70여 년이 지나고 말았다.

동농 김가진은 현재 손문의 부인 이름을 딴 상하이 송경령능원에, 아들 김의한은 평양 재북인사묘에, 며느리 정정화는 대전 국립현충원에 잠들어 있다. 상하이에서 조국의 독립을 위해 함께 싸웠지만 그들은 여전히 이산가족인 셈이다.

17

문화판을 뒤흔든 천재시인 이상

이제부터는 백운동천의 지류인 '옥류동천'을 따라 걸을 것이다. 옥류동천은 인왕산자락 옥인동의 수성동 계곡에서 흘러내려 우리은행 효자동지점에서 합류하는 물길이다. 이 옥류동천 물길이 종로구에서 개발한 소위 '서촌 여행'의 핵심이라 하겠다.

옥류동천 물길로 접어들어 100미터도 안 되어 '이상의 집'이란 간판이 보인다. 2009년 문화유산국민신탁이 처음으로 보존재산을 매입해 문화공간으로 개방한 곳이다. 시인 이상(본명 김해경)이 살던 곳이기는 하지만, 현재의 건물은 이상과 아무런 관련이 없다.

이상은 1910년 부친이 이발소를 운영하던 사직동에서 태어났다. 그리고 세 살 때 백부의 양자가 되어 통인동 154번지로 옮겨왔다. 그는 그곳에서 1933년까지 거주했다. 학창시절은 물론 총독부 건축과 기사로 근무할 당시도 마찬가지였다.

이 집은 필지가 꽤 컸지만 분할되어 부동산업자들이 작은 집들로 새

이상이 오랫동안 살았던 집은 몇 개의 필지로 분할되어 소규모로 새로 지어졌다. 그 가운데 하나가 지금의 '이상의 집'이다.

로 지었다. 그 가운데 하나가 지금의 '이상의 집'일 뿐이다. 따라서 이상이 살던 집은 통인동에서 154번지를 사용하는 모든 필지에 해당된다. 이러한 사실을 인지하지 못한 채 등록문화재로 지정했다가 해제하는 해프닝이 벌어지기도 했다.

건축가·문인·화가였던 이상은 당대의 문화판을 뒤흔든 기행들로 천재의 신화를 쌓았다. 평론가 장석주는 이상의 등장 자체를 '한국 현대문학 사상 최고의 스캔들'이라고 표현하기도 했다.

학창시절 이상에 대해 배웠지만, 그의 시 어디가 독자들을 사로잡는지는 여전히 모르겠다. 「오감도」의 경우 누구도 상상하지 못한 암호화된 문구를 활자화해 독자에게 그 해석을 요구하는 듯해 불쾌감이 들기도 한다. 그는 기생 금홍 등 숱한 여인들과 퇴폐적 관계를 맺어 염문을 뿌렸고, 다방을 룸펜 문인들의 아지트로 만들어버렸다.

어쩌면 어린 시절 양자로 들어가 눈치보며 생활했던 불우한 경험과 폐결핵으로 삭아가던 자신의 육체에 대한 원망을 누구도 모르게 활자로 쏟아놓았는지 모른다.

그는 평생 자신의 내면을 꺼내보인 적이 없다. 그래서 그의 삶이 후대에 각기 다르게 해석되고 편집되는지 모를 일이다. 그의 소설 「날개」 서두에 등장하는 '박제가 된 천재'라는 주인공의 독백은 어쩌면 이상 자신의 이야기가 아닐까.

옥류동천이 백운동천과 결합하는 지점에 '우리은행 효자동지점'이 있다. 우리은행은 1899년 '대한천일은행'으로 출범한 이래 1911년부터 1999년까지 '상업은행'으로 불려왔다.

1968년 설립된 우리은행 효자동지점은 2003년 노무현정권 출범 전까지 청와대 주거래은행이었다. 그래서 '청와대 금고'로 불리기도 했다. 이곳에는 자동식 금고 100여 개와 수동식 금고 400개 등 총 500여 개의 개인금고가 있다.

우리은행 효자동지점의 대여금고가 언론의 조명을 받은 것은 1995년 노태우 전 대통령 비자금사건 때문이었다. 또한 성곡미술관 신정아 교수의 학력위조 사건 때, 우리은행 효자동지점의 신정아 개인금고에 김석원 전 쌍용그룹 회장 부인의 비자금이 보관된 것으로 알려져 세간의 이목을 끌었다.

노무현정권 때 청와대는 주거래은행을 국민은행 청운동지점으로 변경했다. 하지만 이명박정권 초기까지 청와대와 주거래 관계를 유지하던 국민은행 청운동지점 역시 특혜대출로 사회적 비판을 받았다.

결국 2008년 청와대는 이명박 대통령의 동지상고 동문 최원병이 회장으

로 당선된 농협으로 주거래은행을 변경했다. 하지만 이곳 역시 이명박 대통령의 내곡동 사저 신축과 관련한 불법대출로 언론의 주목을 받았다.

정부 수립 이래 청와대 주거래은행을 가장 오래 맡아온
우리은행 효자동지점

시인 이상의 삶을 이야기할 때 빠뜨릴 수 없는 사람이 있다. 바로 화가 구본웅(1906~1953)이다. '이상의 집'에서 불과 5분도 안 되는 거리에 구본웅의 집이 있었다.(필운동 89번지와 90번지) 지금은 일반주택으로 변했는데, 현재 갤러리 소호 뒤쪽 필지이다.

1906년 유복한 가정에서 태어난 구본웅은 4개월 만에 어머니를 여의었다. 하녀가 젖동냥으로 그를 키웠는데, 어렸을 때 댓돌 위로 떨어져 그만 꼽추가 되고 말았다.

구본웅이 네 살 되던 해 19세의 변동숙이 계모로 들어왔다. 친구들의 놀림으로 학교를 다니다 말다 했기에 그는 네 살 어린 이상과 신명학교를 함께 다니게 되었다. 그 후 이상은 보성중학교, 구본웅은 경신중학교에 입학했다.

1926년 이상은 경성고등공업학교 건축과에 들어갔다. 이때 구본웅은 자신이 선물로 받은 사생상(화구를 담는 상자)을 이상에게 주었다. 가

삽화가 이승만이 그린 이상(왼쪽)과 구본웅(오른쪽). 두 사람이 함께 다니면 곡마단이 온 걸로 착각할 정도였다고 한다.

난했던 이상은 감사의 표시로 자신의 필명에 '상자'를 의미하는 '상'(箱)을 넣겠다고 약속했다. 또한 앞글자는 흔한 성씨를 사용하되, 사생상이 나무로 만들어졌으니 '나무 목'(木)이 들어간 성씨를 선택하기로 했다. 그리하여 '나무 목'이 들어간 성씨 중 다양성과 함축성을 지닌 이씨와 상을 합친 '이상'(李箱)이라는 필명이 탄생되었다.

이상과 구본웅의 인연은 거기서 그치지 않는다. 그야말로 한쪽 없이는 다른 쪽이 존재할 수 없는 관계로까지 발전했다. 1928년 일본으로 유학갔던 구본웅이 1933년 귀국했다. 이때 이상은 폐결핵을 앓으며 골방에서 홀로 생활하고 있었다. 구본웅은 그를 데리고 배천온천으로 요양을 떠난다.

그곳에서도 이상의 끼는 어김없이 발휘되었다. 기생 금홍과 눈이 맞

2장 역사와 문화의 보물창고 서촌_ 사직동, 체부동, 통의동 일대

은 것이다. 이상은 금홍을 서울로 데려와 동거하며 종로1가에 '연(燕)다방'을 열었다. 그렇지만 금홍은 얼마 지나지 않아 이상을 떠났다. 그 뒤에 순옥이라는 여인을 만났으나, 이상의 친구와 삼각관계였음이 밝혀져 또 헤어졌다.

이상의 연애사는 여기서 그치지 않았다. 사망하기 1년 전인 1936년, 그는 구본웅의 이모 변동림을 세 번째 여인으로 맞이했다. 이모라고는 하지만 구본웅보다 열 살 어렸고 이상보다 여섯 살 젊었다. 변동숙과 변동림이 이복자매였기에 가능한 일이었다. 즉, 변동숙이 구본웅의 계모가 된 후 변동숙의 아버지가 재혼해 변동림을 낳은 것이다.

아무리 이복동생이라지만, 폐결핵으로 죽음이 코앞인 가난뱅이 시인이자 아들 친구인 이상과의 결혼을 변동숙이 찬성할 리 없었다. 하지만 경기고녀에 이화여전에서 영문학을 공부한 신여성 변동림의 고집은 꺾이지 않았다.

소설의 주인공들처럼 파란을 일으키며 두 사람은 가정을 이루었다. 하지만 이듬해 이상은 일본으로 혼자 떠났다. 도쿄에서 불령선인(불온하고 불량한 조선사람)으로 체포돼 옥살이를 한 그는 결핵이 악화되어 결국 행려병자처럼 삶을 마감했다.

이상과 짧은 사랑을 나누었던 신여성 변동림은 그 후 김환기 화백과 사랑에 빠졌다. 하지만 유부남인 그와 가정을 이루려면 첩살이를 하거나 본부인을 내쫓는 것 중 하나를 선택해야 했다.

언니 변동숙은 동생의 머리채를 잡고 말렸지만 변동림은 흔들리지 않았다. 그녀는 자신의 이름을 '김향안'으로 바꾸고 가족과 인연을 끊었다. 동거에 들어간 변동림과 김환기는 1944년 마침내 결혼식을 올렸다. 그로 인해 변동숙과 변동림은 죽을 때까지 서로 얼굴을 보지 않

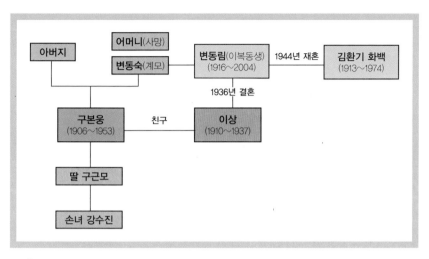

```
                        어머니(사망)
            아버지                              변동림(이복동생)    1944년 재혼    김환기 화백
                        변동숙(계모)             (1916~2004)                  (1913~1974)

                                             1936년 결혼

            구본웅            친구            이상
            (1906~1953)                   (1910~1937)

            딸 구근모

            손녀 강수진
```

▎이상과 구본웅을 중심으로 한 인물 관계도

왔다고 한다.

　모두 세상을 떠났지만 이상은 글로, 구본웅은 그림으로 자신의 흔적을 남겼다. 한편, 변동림은 남편 김환기가 사망한 뒤 종로구 부암동에 '환기미술관'(1992)을 설립했다. 아무런 흔적 없이 떠난 사람은 변동숙뿐이다. 하지만 그녀에게도 세계적인 발레리나가 후손으로 남아 있다. 비록 피는 섞이지 않았지만 강수진이 호적상 증손녀(구본웅의 외손녀)이다.

　우리나라 최초의 야수파로 평가받는 구본웅은 일본으로 유학을 다녀온 후 실망스러운 모습을 보였다. 일제의 내선일체에 동조하며 그들의 대륙 침략을 옹호한 것이다. 1939년에 그는 "내선일체의 현하에 있어 조선미전을 일 변방이 아니라 중앙화단의 연장으로 볼 수 있어야 한다"고 주장했다. 또한 이듬해에는 "신동아 건설을 위하여 미

술의 무기화에 힘쓸 것"을 외치고 다녔다. 구본웅은 2009년 민족문제
연구소에서 발간한 『친일인명사전』에 이름을 올렸다.

3장

수많은 예술가들의 둥지
서촌

누하동 ●
통인동 일대 ●

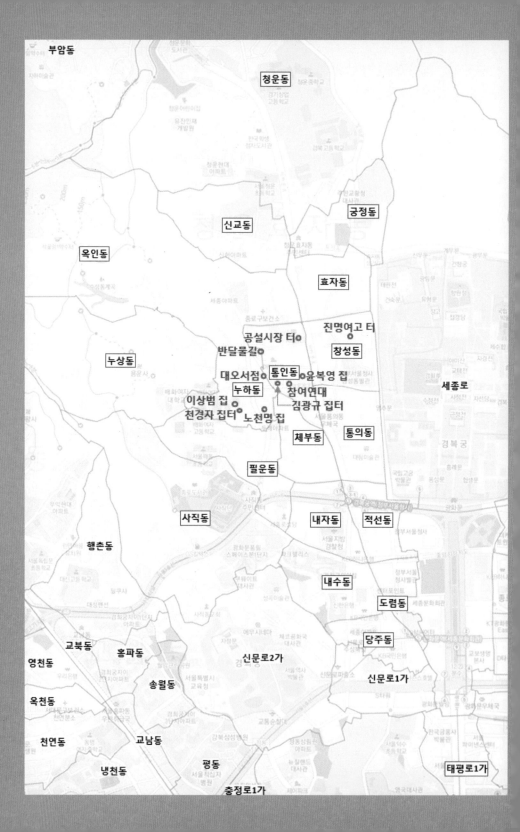

19

고독과 결핍의 친일파 시인 노천명

'이상의 집'과 불과 2~3분 거리에 시인 노천명의 집(누하동 225-1)이 있다. 2015년 서울시 미래유산으로 지정되었고, 2017년 가을 한옥 형식을 유지하며 재건축되었다.

「사슴」이라는 시가 워낙 유명해 그녀를 시인으로만 알고 있지만, 소설가 및 언론인으로서도 재능이 많았다. 1911년 황해도 장연에서 태어난 그녀의 본명은 노기선이다. 어렸을 적 병으로 사경을 헤맨 뒤 노천명으로 개명했다. 아버지 사망 후 1919년 서울로 와 종로구 체부동 이모집에서 거주하며 진명보통학교와 진명여고를 거쳐 1934년 이화여전 영문과를 졸업했다.

노천명은 1934년 이화여전을 졸업하고『조선중앙일보』학예부 기자로 4년간 근무할 당시 '모가지가 길어서 슬픈 짐승이여'로 시작되는 시 「사슴」을 발표했다. 1938년에는 '극예술연구회'에 참가했고, 잡지사『여성』에서 편집일을 했다. 1943년에는 총독부 기관지인『매일신

1949년에 이사해 사망할 때까지 거주한 노천명의 누하동 가옥

2018년 그 자리에 새로 지어진 건물

보』기자가 되어 「승전하는 날」, 「출정하는 동생에게」, 「진혼가」 등 다수의 친일 작품을 발표했다.

광복 후 거센 친일파 척결 분위기에 대외활동을 자제하고 일본 유학을 준비하던 중 6·25가 발발했다. 인민군이 서울을 점령했고, 미처 피난을 떠나지 못한 노천명은 월북작가인 임화, 김사량 등이 주도하는 '조선문학가동맹'에 가입해 문화인 총궐기대회 등에 참여했다. 그로 인해 유엔군이 서울을 수복한 뒤 그녀는 20년의 실형을 선고받았다.

노천명은 약 6개월 동안 옥살이를 하다 청와대 비서실에 근무하던 시인 김광섭의 도움으로 1951년 4월 석방되었다. 그 후 공보실 중앙방송국에서 일하며 3차 시집을 발표하는 등 의욕적으로 활동했다. 하지만 1957년 6월 16일 재생불능성 뇌빈혈로 쓰러져 46세의 젊은 나이로 세상을 떠났다.

노천명은 대표작 「사슴」 때문에 시적 낭만을 지닌 순수한 소녀처럼 연상되지만, 오만할 정도의 도도함과 결벽증을 지녔던 것으로 전해진다. 그러한 성품 때문에 동료들과 충돌이 잦았으며, 누구에게도 곁을 내주지 않아 평생 독신으로 지냈다. 그녀는 자신의 성격을 "대처럼 꺾어는 질망정 구리처럼 휘어지거나 구부러지기 어려운 성격"이었다고 시 「자화상」에서 고백했다.

하지만 그런 도도함조차 절대권력 앞에서는 한낱 갈대에 불과했다. 일제강점기에는 총독부의 권력에 굴복했고, 6·25 때는 인민군과 유엔군으로 교차되는 무력에 굴종했다. 따라서 그녀에게 도도함이란 기회주의와 동의어에 지나지 않았다.

그러한 면모를 여실히 보여주는 일화가 있다. 노천명은 1945년 2월 25일 시집 『창변』을 출간하며 성대한 출판기념회를 열었다. 거기에는 친일 시 9편이 수록되어 있었다. 그런데 6개월 뒤 우리나라가 해방되자, 친일 시 부분만 잘라내고 시집을 계속 판매했다. 친일 시들이 말미에 실려 가능한 일이었다. 하지만 차례에서 완전히 흔적을 지우기는 어려웠다. 일반적인 시들과 섞여 있는 경우 제목을 창호지로 가린 채 판매했다. 참으로 구차하지 않은가.

노천명은 서울 중곡동 천주교 묘지에 묻혔다가 개발에 밀려, 1973년

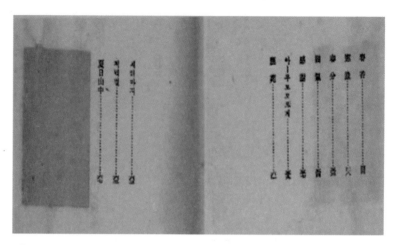

친일 시를 실었다가 해방 후 그 부분만 잘라내고 판매했던 노천명의 시집 『창변』의 차례. 친일 시의 제목을 창호지로 가렸다.

경기도 고양시 대자동 천주교 묘지에 언니 노기용과 나란히 안장되었다. 고양시에서 시비를 건립하려 했으나, 그녀의 친일경력을 이유로 시민단체에서 반대해 결국 취소되었다.

지금이야 새로운 건물이 들어서 없던 일이 되었지만, 과거 서울시가 누하동 노천명 가옥을 미래유산으로 지정했던 이유는 무엇일까. 이곳을 찾는 수많은 관광객들에게 무엇을 말하려 한 걸까. 나는 지금도 여전히 모르겠다.

남아면 군복에 총을 메고
나라 위해 전장에 나감이 소원이리니

이 영광의 날

나도 사나이였드면 나도 사나이였드면
귀한 부르심 입는 것을-

갑옷 떨쳐입고 머리에 투구 쓰고
창검을 휘두르며 싸움터로 나감이
남아의 장쾌한 기상이어든-

이제
아세아의 큰 운명을 걸고
우리의 숙원을 뿜으며
저 영미를 치는 마당에랴

영문(營門)으로 들라는 우렁찬 나팔소리-

오랜만에
이 강산 골짜구니와 마을 구석구석을
흥분 속에 흔드네-

__「님의 부르심을 받들고서」(『매일신보』 1943년 8월 5일)

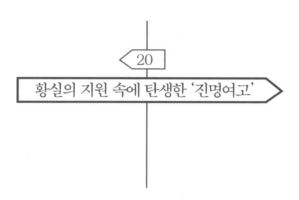

20
황실의 지원 속에 탄생한 '진명여고'

　노천명이 졸업한 '진명여고'는 1906년 설립되었으며, 현재 양천
구 목동에 위치해 있다. 하지만 본래는 경복궁 서쪽 담장 바로 옆 종
로구 창성동에 있었다. 노천명 외에도 최초의 여성 서양화가 나혜석
의 모교이며, 탤런트 전양자, 아나운서 신은경, 국회의원 임수경 등이
그곳을 졸업했다.

　진명여고는 고종의 후궁인 순헌 황귀비 엄씨(이하 엄귀비)가 조카인
엄준원에게 땅을 하사해 설립되었다. 학교명인 진명(進明)은 '나아가
서 밝힌다'는 의미를 지닌다. 이는 학교의 교육방침인 진덕계명(進德啓
明), 즉 '덕을 쌓고 학업을 닦아서 나의 빛으로 겨레와 온누리를 밝게
비춘다'는 뜻의 약어이다.

　국운이 기울어가는 상황에서 엄귀비는 교육의 중요성을 인식하고
여러 학교 설립에 기여했다. 양정의숙(1905, 현 양정고교)과 명신여학교
(1906, 현 숙명여고) 역시 그녀의 손길이 미친 곳이다. 그리하여 이들 세

학교를 황실학교, 양반학교, 또는 오누이학교
라 불렀다.

근원이 같기에 교표와 별도로 학교 표찰로
세 학교를 구분했다. 일명 백선(白線)이라 불
리는데, 하얀 선의 숫자는 설립순서를 의미
한다. 양정은 한 줄, 진명은 두 줄, 명신은 세
줄이다. 백선은 이들 학교의 뿌리를 나타내
는 것이기도 하다. 그래서 지금도 교복에 표
찰로 달거나 교복 디자인에 활용하고 있다.
진명여고는 학교 축제의 이름조차 '백선제'
이다.

▌ 엄귀비(1911년, 출처 위키백과)

진명여고 옆을 지나 경복궁으로 흘러 들
어가는 '대은암천'에 다리가 있었다. 궁궐 안의 금천으로 들어가는
서쪽 물길에 있는 다리라 하여 '서금교'(西禁橋) 또는 '서금다리'로
불렀다. 간혹 '서근다리'라고도 불렀는데, 소리나는 대로 부르다 보
니 그렇게 된 듯하다. 1908년 '관보' 등에는 석은교(石隱橋)로도 표

━━━
옛 진명여고의 모습

▮『동아일보』에 실린 서금교 관련 기사(1924년 7월 25일)

기되었다. 그러다 급기야 '썩은다리'로 불리기도 했는데, 이러한 내
용이 당시 『동아일보』에 기사화되었다.

서십자각 모퉁이에서 육상궁을 향하고 올라가려면 영추문을 막
지나서 돌다리 하나가 있습니다. 튼튼하고 보기 좋으나 썩은다리라
는 이름을 갖기 때문에 창성동 명물이라 합니다.

1989년 진명학교가 양천구 목동으로 이전한 데에는 도시 공동화로
인한 입학생 감소 등 여러 요인이 존재한다. 하지만 청와대 옆이라는
지리적 요인이 크게 작용했다.

당시 교도주임이었던 교사 조연희에 의하면, 운동회 때 박수라도 치

면 "전두환 대통령 때부터, 아니 그 전부터, '각하께서 오수를 즐기시는데 박수 좀 자제하면 안 되냐'고 청와대에서 어떤 분들이 나와" 통제했다는 것이다. 졸업식 시즌에는 고3 학생들이 반별로 파티를 하고 사진도 찍고 싶어했다. 하지만 옥상에서는 사진을 찍을 수 없었다고 한다.[6]

뿐만 아니라 시내 중심에 위치한 3,200평의 작은 학교라 운동장이 좁았기에 옥상에서 무용이나 체육 수업을 했는데, 박정희정권 말기부터 통제가 심해졌다. 옥상에 올라갈 때마다 청와대의 허가를 받아야 했고, 평소에는 출입문에 자물쇠를 채워놓았다. 심지어 국기 게양대가 옥상에 있었는데, 태극기를 게양하고 내리는 것조차 힘들어 나중에는 2층으로 옮겼다고 한다.

1970년대 중후반 박정희정권의 서울인구 분산정책으로 사대문 안 학교들이 강남으로 이전할 때조차 자리를 지켰지만, 더 이상은 어려운 상황이 전개되었다. 급기야 전두환정권 때 목동으로 학교를 이전해 달라는 권유가 들어왔다. 이러한 외적 요인에 공간적 한계와 도시 공동화 등의 이유로 진명여고는 결국 양천구 목동으로 이전되었다. 대한제국 엄귀비의 지원으로 설립되어 '황실학교'로 불렸지만, 현대의 황실인 청와대 때문에 창성동을 떠나게 된 것이다.

그 자리에는 현재 청와대 기동경찰대가 입주해 일반인의 출입을 통제하고 있다. 진명여고를 졸업한 학생들이 학교의 상징처럼 생각하던 운동장의 오래된 홰나무도 지금은 보이지 않는다.

---

6) 『사대문 안 학교들, 강남으로 가다』, 서울특별시 시사편찬위원회, 2012.

평민에서 최고의 후궁이 된 엄귀비

엄귀비(1854~1911)는 8세에 입궐해 민비의 시위상궁으로 지내다 고종의 승은을 입게 되었다. 민비의 질투로 쫓겨나기도 했지만, 을미사변으로 민비가 사망하자 불안과 고독에 빠진 고종은 그녀를 다시 불렀다. 아관파천 때 고종을 모시며 42세의 나이로 영친왕을 낳아 후궁이 되었다.

1897년 대한제국을 설립한 고종은 엄씨를 황후로 세우려 했다. 하지만 엄씨의 신분이 평민인 데다 숙종이 세워놓은 법도, 즉 '후궁은 왕비가 될 수 없다'는 이유로 결국 황후에 오르지 못했다. 그리하여 황후 바로 아래이자 후궁 가운데 가장 높은 '황귀비'의 직책을 받았다.

황후가 되지 못하는 상황에서 다른 칭호를 붙여야 했는데, 당시 내장원경 이용익이 당나라 양귀비의 예를 들며 '귀비'를 제안했다. 처음에는 반대했으나, '황후가 못 될 바엔 미녀인 양귀비가 되는 것도 나쁘지 않다' 싶어 받아들였다고 전해진다.

1907년 황태자로 책봉된 영친왕은 조선을 방문한 이토 히로부미에게 인질로 끌려갔다. 그리하여 일본식 교육을 철저히 받았으며, 일본군 장성이 되었다. 뿐만 아니라 일본여성 이방자와 강제로 결혼했다. 정략결혼임에도 사이는 좋았다고 한다. 일본에서 볼모로 생활해야 했던 영친왕은 해방 후에도 돌아오지 못하다가 1963년에야 어렵게 귀국했다. 그 후 창덕궁 낙선재에서 거주하다 1970년 사망했다.

아들 영친왕이 일본에 끌려가 일본사관학교에서 훈련을 받으며 주먹밥 먹는 장면이 나오는 필름을 보고 애통해하다 급체했다는 엄귀비의 일화도 전해진다. 1911년 장티푸스로 사망한 그녀는 현재의 동대문구 청량리동 204-2번지 홍릉공원 내 영휘원에 안장되었다. 한편 그녀의 위패는 현 청와대 부지에 위치한 육상궁에 모셔져 있다. 황후가 못 되어 종묘에 봉안될 수 없었기 때문이다.

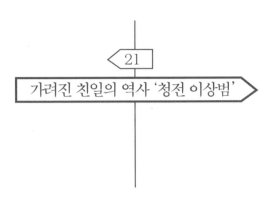

21

가려진 친일의 역사 '청전 이상범'

   노천명의 집과 조금 떨어진 곳에 수묵화의 거장 청전 이상범 (1897~1972)의 집(누하동 178)이 위치한다. 그리고 바로 옆에 그의 화실 (누하동 181)이 있다. 1942년부터 1972년 세상을 떠날 때까지 그가 머무르며 그림을 그렸던 곳이다. 문화재청은 이곳을 근대문화유산[7]으로 지정해 시민들에게 개방했다.

   이상범의 집은 좁은 골목길 막다른 곳에 위치해 들어서는 순간 아늑한 느낌이 든다. 처마 밑에 '누하동천'(樓下洞天)이라 적힌 친필 편액이 걸려 있다. '동천'(洞天)이란 '산천으로 둘러싸인 경치 좋은 곳' 또는 '신선이 사는 경치 좋은 곳'을 뜻한다.

   마당에서 대청과 안방 등 건물 내부 곳곳을 돌아볼 수 있다. 옆의 화

---

7) 근대문화유산이란 우리나라의 근대화 과정에 공헌한 산업, 교통, 토목에 관한 문화재와 근대화 과정에서 나타난 건축 및 생활양식에 관한 문화재를 포괄적으로 총칭하는 용어이다.

실에는 청전 이상범의 그림과 함께 그가 사용했던 여러 화구들이 전시되어 있다.

그는 이곳에서 수많은 걸작을 창조해냈다. 유홍준 전 문화재청장은 "20세기 우리 미술의 대표선수를 고른다면 한국화에서 청전, 양화에서 박수근일 수밖에 없다"면서 "청전이 없다면 20세기 한국화는 얼마나 허전했을까. 그렇게 생각하고 보니 나는 청전에게 그저 고맙다는 감사의 말을 올리고만 싶다"고 했다.

평범한 나 역시 그의 그림을 보는 것만으로 그림 속의 점이 되고 산과 물이 되어 끝내는 자연과 하나가 되는 것처럼 느껴진다. 그의 붓은 그 자체로 자연이자 평화로운 삶이었다.

이상범은 1936년 『동아일보』 체육부 이길용 기자 및 후배화가 정현웅과 함께 베를린올림픽 금메달리스트 손기정의 가슴에서 일장기를 지운 장본인이기도 하다. 당시 그는 『동아일보』 학예부 미술기자로 일하고 있었다. 그때 상황을 이상범은 다음과 같이 증언했다.

2층 편집실에서 사환 아이가 한 장의 사진을 들고 왔다. 이어 체육부 이길용 기자가 구내전화로 나를 불렀다. 사진의 일장기를 태극기로 바꾸는 것이 어떻겠느냐는 것이었다. 좋다고 대답했다.

의자에 앉아 붓을 들어 일장기 위에 흰 물감을 칠했다. 그런 다음 종이에 싸서 동판부에 보냈다.

그날 저녁 술을 먹었다. 집에 돌아왔는데 집사람이 '사환 아이가 오는 대로 신문사에 들르라고 했다'고 전했다.

편집국 안으로 들어가니 기자들의 얼굴이 새하얗다. 경찰들이 신문사를 포위하고 있었다. 그 다음날 나는 경기도 경찰부로 연행됐다.

▌처마 밑에 '누하동천'이라 적힌 편액이 걸려 있는 이상범 가옥

    결국 이 일로 이상범은 40일간 구속되었으며, '언론기관에 관여치 않겠다'는 서약서를 쓰고 풀려났다. 그 후 그는 『동아일보』를 떠났다.

    이상범은 충남 공주 벽촌의 빈농 집안에서 태어났다. 1906년 보통 학교를 마쳤으나, 더 이상 학교를 다닐 수 있는 형편이 아니었다. 결국 그는 학비가 필요 없는 경성서화미술회 강습소를 찾았고, 그곳에서 안 중식에게 전통 화법을 익혔다. 하지만 3·1 운동에 연루되어 옥고를 치 른 안중식이 그 후유증으로 세상을 떠나자, 서화미술회는 더이상 유 지가 어려워졌다.

    이후 이상범은 우리의 근대 민족미술을 정립하기 위해 많은 노력을 기울였다. 청년 이상범의 민족의식이 그처럼 강할 수 있었던 건 타고 난 환경과 3·1 운동으로 세상을 떠난 스승 안중식의 영향 때문이었 을 것이다.

이상범이 직접 만들었다는 꽃담. 이곳에는 충신(忠信)과 지혜(智慧)라는 글씨가 새겨져 있었다. 하지만 한쪽이 파손되어 지금은 '충신'이란 글씨만 확인할 수 있다.

하지만 중일전쟁(1937)과 태평양전쟁(1941)을 통해 노골화된 군국주의 앞에서 그 역시 무릎을 꿇고 말았다. '예술도 군수품'이라는 전시 문화정책에 동조하며 일제의 노리개로 전락한 것이다. 노천명이 글로 제국주의의 첨병이 되었다면, 이상범은 그림으로 그 역할을 대신했다.

한 인간의 행위 전체가 완벽하고 정의롭기는 어렵다. 때로 실수도 하고, 그릇된 길로도 들어설 수 있다. 하지만 이상범은 정도가 지나쳤던 것 같다.

해방되자마자 '조선미술건설본부'가 만들어졌는데, 좌우익을 함께 아우르는 미술조직이었다. 일제강점기에 총독부 기관지 『매일신보』의 기획 「님의 부르심을 받들고서」에 그림으로 화답했던 고희동, 노수현조차 받아들여졌다. 하지만 김은호, 심형구, 김인승, 김경승, 윤효중,

배운성, 송정훈 등 친일활동 이력이 뚜렷한 이들은 배제되었다. 이상범 또한 마찬가지였다.

그는 한국화 최고의 거장으로 평가받는다. 하지만 개인전 한 번 열지 못한 채 세상을 떠났다. 단신의 작은 체구에 겸손하고 소탈하며 다정다감하면서도 엄격한 성격이었다고 한다. 또한 애주가에 재기 넘치는 재담가였으며, 주변과의 친화력이 장점으로 이야기된다. 미술평론가 이경성은 그를 '대표적인 한국의 소시민'이라고 칭했다.

이상범의 친일활동에 대해서는 예술적 성과나 개인적 성품, 정치적 성향에 가려져 지금까지 구체적으로 논의된 적이 없다. 물론 그 자신의 양심고백도 없었다. 거장의 이런 행동이 우리 미술계에 던지는 의미는 무엇일까. 순수미술은 시대정신과 무관하게 자유로워야 한다며 우리 시대의 예술세계를 왜곡시키고 있는 건 아닐까.

참고로, 청전 이상범의 집 바로 맞은 편(누하동 177)은 또 다른 미술계의 거장 천경자(1924~2015)가 1998년 미국으로 떠날 때까지 살았던 곳이다. 강렬한 원색과 도발적 소재로 국내 미술계를 휘젓고 숱한 스캔들로 화제를 불러일으켰던 여류 거장이 바로 앞에 살았다니 뭔가 흥미롭다.

그녀는 1991년 발생한 「미인도」 위작 논란으로 창작활동에 파탄을 맞았다. 자신의 작품이 아니라고 주장했지만, 권위주의로 똘똘 뭉친 국립중앙미술관과 화랑협회를 이기지 못했다. 천경자는 결국 자신의 작품들을 서울시립미술관에 기증한 뒤 미국으로 떠났다. 외부와의 접촉을 완전히 끊어 온갖 소문의 중심에 섰던 그녀는 2015년 8월 뉴욕에서 생을 마감했다.

손기정 선수의 마라톤 금메달 소식을 보도하며 그의 가슴에서 일장기를 지운 언론사는 『조선중앙일보』와 『동아일보』였다. 두 신문사는 정간 조치되었는데, 재정상태가 열악했던 『조선중앙일보』는 복간하지 못한 채 결국 문을 닫았다. 이 과정에서 이상범을 비롯해 일장기 말소에 관여한 사람들이 체포, 투옥되어 고초를 겪었다.

그런데 그 후의 일은 세상에 잘 알려지지 않았다. 올림픽 금메달리스트였던 손기정 선수의 귀국 모습을 살펴보자. 마치 경찰에 체포되어 끌려가는 듯하지 않은가.

손기정은 1936년 초가을 인도, 싱가포르, 일본을 거쳐 서울 여의도에 도착했다. 당시 통상의 입국 경로인 부산을 통해 기차로 상경했다면, 열차가 멈추는 곳마다 인파가 몰려들고 전국이 환영열기로 들끓었을 것이다.

하지만 총독부는 비행기 편을 마련해 울산을 거쳐 여의도 비행장에 내리게 했다. 그런데 여의도가 서울 시내와 연결된 건 1970년 마포대교가 완공되고 나서다. 그 전까지는 신길동 쪽으로만 다리가 놓여진 섬에 불과했다. 총독부의 철저한 통제하에 손기정을 마중나온 사람은 형 손기만과 손기정의 모교인 양정의숙의 교장 안종원뿐이었다.

손기정의 귀국 모습 ⓒ나무위키

양정의숙에서는 전교생이 대대적인 환영준비를 한 채 그를 기다렸다. 하지만 손기정은 하숙을 했던 체육교사 김수기의 집으로 향해야 했다. 그는 입국날뿐만 아니라 그 후로도 늘 감시를 받았다. '나라 잃은 백성은 상갓집 개만도 못하다'는 옛말이 저절로 떠오르는 상황이다.

22

반달물길 주변의 역사

이상범의 집에서 옥류동천 물길로 접어들면 한옥 주택가치고 규모가 꽤 큰 4층짜리 건물이 나타난다. 우리나라 최고의 시민단체라고할 수 있는 '참여연대'이다.

1994년 '참여와 인권이 보장되는 민주사회 건설'을 목표로 출범한참여연대는, 2007년 8월 지금의 건물을 신축해 활동공간으로 사용할만큼 성장했다. 뿐만 아니라 그곳의 초기 활동가들이 서울시장, 서울시교육감, 국회의원 등으로 진출해 꿈을 실현해나가고 있다.

참여연대 왼쪽으로 여러 상점들이 빼곡히 들어선 2층짜리 슬라브건물(통인동 74)이 있는데, 지금도 활발하게 활동 중인 시인 김광규의집터이다. 조선 중기부터 중인문화운동이 활발하게 전개된 서촌에는현대에 이르러서도 문화예술인들이 많이 거주하는 듯하다.

참여연대 뒤쪽의 한옥(통인동 128)은 윤복영의 집이다. 윤복영은 독립운동을 했던 우당 이회영의 동지이자 제자였다. 이회영이 군자금 마

우리나라 최대 시민운동단체인 참여연대. 그 왼쪽으로 김광규 시인의 집이 있었다.

련 목적으로 조국에 숨어들 때마다 몸을 의지하던 곳이 바로 윤복영의 집이었다. 석파란(石坡蘭, 홍선대원군의 난초 그림)의 대가 이회영은 감사 표시로 그에게 그림을 선물했다. 부채에 난을 친 뒤 '난이증교'(蘭以證交)라는 글씨를 남겼는데, "이 난초로 사귐의 증표를 삼는다"는 의미이다.

조국의 해방을 위해 함께 싸운 그들은 이제 세상에 없으나, 동지로서의 인연은 여전히 계속되고 있다. 2009년 윤복영의 아들 윤형섭 전 교육부장관은 두 사람의 아름다운 인연을 알리고자 이회영의 난초 그림을 우당기념관에 기증했다. 두 가문은 만주로 항일운동을 떠난 이회영 일가의 호적을 윤복영의 집에 올릴 정도로 가까웠다. 이런 사연 때

조대식·권오남 부부의 이름에서 한 글자씩 뽑아 '대오서점'이라는 상호가 탄생했다. 1950년 문을 열었으며, '서울의 오래된 가게' 가운데 하나이다.

문에 이회영의 손자인 전 국정원장 이종찬과 현 국회의원 이종걸의 원적이 이곳 통인동 128번지로 같다.

옥류동천 물길을 따라 계속 걷다 보면 왼쪽으로 낡은 기와지붕 아래 서점 간판이 보인다. 최근 서울의 오래된 가게로 소개된 '대오서점'이다. 2013년 TV 드라마 〈상어〉에서 조해우(손예진 분)가 죽은 줄 알았던 한이수(김남길 분)와 재회한 곳이기도 하다. 이처럼 TV에 소개되고 서울시 미래유산으로 선정돼 많은 사람들이 찾는 명소가 되었다.

외관 자체가 예사롭지 않은데, '대오'라는 상호는 주인장 조대식·권오남 부부의 이름에서 한 자씩 따온 것이다. 이 작은 책방을 운영해 자식들을 교육시켰다니 그 자체로 충분히 아름답다. 옛날 참고서나 흔한 소설책들과 함께 나이를 먹어 서촌의 명소가 되었지만, 막상 책을 사러 오는 사람은 찾아보기 어려워졌다. 고민 끝에 가게를 이어받은 다섯째딸이 그곳을 북카페로 바꾸었다.

대오서점에서 사람들이 많이 다니는 직선상의 길은 더 이상 물길이 아니다. 이곳부터 옥류동천은 대오서점 앞 작은 골목길을 따라 흐른다. 물길을 따라 길이 만들어지다 보니 좁을 뿐만 아니라 자연스럽게 원형을 이루고 있다. 그리하여 '반달물길'로 불리기도 한다.

그곳을 따라 걷다 보면 이내 '통인시장'이 나온다. 통인시장 일부도 옥류동천 상류의 물길 위에 있는 셈이다.

23

일본인의 생활 편의를 위해 만들어진 '통인시장'

　서촌의 맛집 골목으로 유명한 통인시장. 종로구 통인동에 위치해 통인시장으로 불린다. 흔히 볼 수 있는 작은 동네 시장이지만 서촌, 특히 옥류동천 물길이 관광단지로 개발되면서 널리 알려졌다.

　2012년 1월 이명박 대통령이 설을 맞아 어린 손녀와 찾았던 장소이기도 하다. 서민들과 일상을 공유하며 소통하는 게 애초 목적이었지만, 동행한 손녀의 외투가 고가의 명품이라는 사실이 알려져 논란이 되었다.

　본래 이곳은 1941년 6월 효자동 일대에 살고 있던 일본인들을 위해 개설한 제2공설시장이다. 통의동에 동양척식회사 관사가 들어서고, 1926년 총독부, 1939년 총독관저 등이 남산 일대에서 경복궁 터로 이전했다. 그로 인해 효자동 일대에 조선총독부 관료 등 일본인들이 많이 거주하게 되었는데, 그들의 생활 편의를 위해 시장이 필요했던 것이다.

▌일본인들을 위해 개설된 통인시장을 1960년대에 개축한 모습

　병술국치 이후 일제는 토지조사사업과 회사령을 통해 조선의 농업
과 산업구조를 바꾸며 수탈의 법적 근거를 마련했다. 그와 마찬가지로
조선의 상업구조를 재편하기 위해 시장을 조사했다.

　그들은 1914년 조선총독부령 제136호로 '시장규칙'을 반포함으로
써 조선 시장을 장악하기 위한 제도적 장치를 마련했다. 조선의 재래
시장은 제1호 시장으로 묶어놓고, 일제의 새로운 시장으로 제2호, 제
3호 시장을 추가 편성한 것이다. 제2호 시장은 일반 소비자들을 상대
로 하며, 제3호 시장은 지금의 도매시장 또는 경매시장을 의미했다.

　특히 통인시장을 비롯한 제2호 시장은 '한국에 거주하는 일본인에

게 생활 편의를 제공하려는 목적이 우선적'이었다. 공설시장은 시장 규칙에서 정한 제2호 시장에 속한다. 따라서 일반적으로 2호 공설시장으로 불렸다.

총독부의 이러한 시장 재편전략에 따라, 1919년 명치정(명동2가 25)과 종로(견지동 110)에 처음으로 공설시장이 생겨났고 점차 확산되었다. 이 과정에서 통인동에도 제2공설시장이 생겨난 것이다.

일제강점기에 만들어진 통인동 제2공설시장은 현재 통인시장 입구 북측에 있는 '효자아파트' 자리에 위치했다. 하지만 단층에 낡고 비좁아 1960년대 후반 5층 건물로 재건축되었다. 현재 지하층과 지상 2층까지만 상가로 사용되며, 3층부터는 주거지로 활용하고 있다.

지금은 세월이 흘러 낡았지만, 준공 당시만 해도 청와대 직원이나 연예인이 거주할 정도로 고급주택이었다고 한다. 이런 역사를 지닌 통인시장이 이제는 서촌 여행자라면 꼭 들러봐야 할 맛집 골목으로 변했다.

4장

도심의 살아 있는 박물관
서촌

옥인동 일대

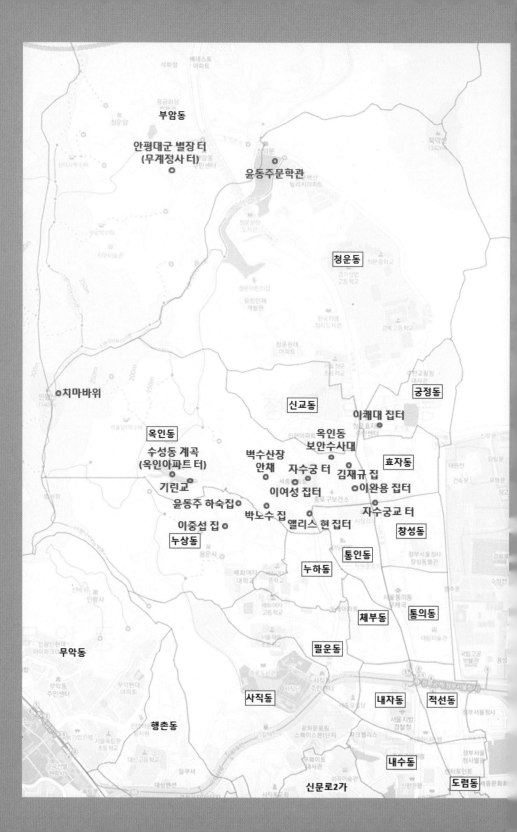

24

서촌 비밀의 정원 '종로구립 박노수미술관'

통인시장 입구에서 옥류동천 물길을 따라가다 보면 맛집과 액세서리 가게들이 즐비하게 늘어서 있다. 통인시장에서 수성동 계곡까지가 서촌 기행의 핵심이라 할 수 있겠다. '사람이 몰리면 장이 선다'는 옛말이 실감나는 곳이다.

하지만 무엇이든 과하면 문제가 생겨나게 마련이다. 서촌보다 관광지로 먼저 개발된 북촌 역시 과도한 상업화로 몸살을 앓고 있다. 부디 서촌에서는 북촌과 동일한 문제가 발생하지 않기를 바란다.

이런 생각 속에 조금 걷다 보면 오른쪽 골목으로 서촌의 또 다른 명소가 나타난다. 바로 '종로구립 박노수미술관'이다. 한동안 '서촌 비밀의 정원'이라 불리며 많은 사람들의 호기심을 자극했던 곳이다.

이곳은 원래 한국화의 거장 박노수 화백(1927~2013)의 집이자 배우 이민정의 외갓집이었다. 1938년 지어진 오래된 건축물을 1972년 구입했는데, 2011년 종로구에 기증하면서 구립미술관으로 재탄생했다.

▌박노수 화백의 집. 2013년 종로구립 박노수미술관으로 재탄생했다.

이곳은 원래 조선의 마지막 황후였던 순정효황후의 큰아버지 윤덕영
이 시집간 딸을 위해 지어준 집이었다. 그래서인지 윤덕영의 저택 '벽
수산장' 본체와 정원에서 내려다보이는 곳에 위치한다.

윤덕영은 청와대 비서실장에 해당하는 시종원경이라는 직책의 고위
관료였는데, 일본을 대변하며 합방조약을 강제로 체결하려 했다. 조카
였던 순정효황후가 치마폭에 옥새를 감추자 그녀를 협박해 옥새를 빼
앗았다. 이것이 518년 조선 역사의 종지부를 찍게 한 1910년 8월 22일
마지막 어전회의의 모습이다.

합방 후 윤덕영은 총독부에서 귀족 작위를 받고 떵떵거리며 살았

정조15년(1791) 유둣날 천수경의 집 송석원에서 열린 시모임을 그린 「송석원 시사 야연도」. 당대 최고의 화가였던 단원 김홍도가 그렸다.

다. 그때 딸에게 지어준 집이 나중에 박노수 화백 소유가 된 것이다.

화신백화점과 보화각(현 간송미술관)을 설계한 한국 근대건축의 개척자 박길룡이 1937년 절충식 기법을 사용해 지은 2층짜리 가옥이다. 한옥 건축기술에 중국인 기술자들이 참여했고 한식과 서양식이 함께 쓰였는데, 전반적으로 프랑스풍을 취하고 있다. 붉은 벽돌로 지어진 1층, 지붕의 서까래가 보이는 2층 구조가 이채롭다. 1층은 온돌과 마루, 2층은 마루방 구조이며, 벽난로가 3개 설치되어 있다.

지어진 지 80여 년이나 된 아름다운 집이 서울 사대문 안에 존재하

1817년 추사 김정희가 송석원 시사 의뢰로 썼으며, 현재 종로구립 박노수미술관 뒤쪽에 매몰되어 있는 것으로 추정된다.

다니 일면 놀라운 일이다. 하지만 그 즈음 중일전쟁이 발발해 우리 백성들은 일제의 대륙 침략을 위한 총알받이로 끌려가야 했다. 또 많은 조선 여성들이 일본군의 성노리개인 위안부로 끌려가며 인간의 존엄성을 파괴당하던 시기였다.

이곳 옥인동 일대는 18세기 이래 조선 중인문화가 활발했던 서촌 가운데서도 가장 규모가 큰 송석원 시사(松石園 詩社)가 열렸던 곳이다. 개인의 당호였던 송석원은 어느 순간 시사(한시 창작을 위한 동인들의 모임)의 이름이 되고, 마침내 그 동네 전체를 가리키는 것으로 확장되었다.

시사의 이름인 송석원은 박노수 가옥 근처 바위에 추사 김정희의 글씨로 새겨졌다. 하지만 집을 짓는 과정에 뒤쪽 계단식 바위벽 일대의 토사에 파묻힌 것으로 추정된다. 당시 중인들의 문예활동은 송석원 시사에서 길게는 200년, 짧게는 150여 년 전으로 거슬러 올라간다. 송석원 시사 후로는 구한말까지 50~60년 정도 문예운동이 더 이어졌다.

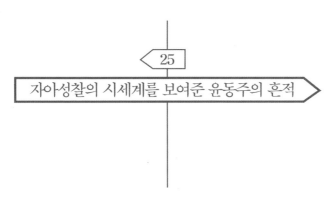

자아성찰의 시세계를 보여준 윤동주의 흔적

박노수 가옥에서 100미터도 안 되는 연립주택 담장에 시인 '윤동주가 하숙했던 집'(종로구 누상동 9)이라는 안내판이 보인다. 본래의 집은 헐리고 2층 다세대주택이 들어서 있다.

그곳은 윤동주가 존경하던 소설가 김송의 집이었다. 「별 헤는 밤」, 「자화상」, 「또 다른 고향」 등 윤동주의 대표작들이 1941년 그곳에서 하숙하던 시절 창작되었다고 소개되고 있다.

하지만 「자화상」은 1939년, 「별 헤는 밤」은 김송의 집을 떠난 후인 1941년 11월에 쓰여졌다. 시기적으로 「또 다른 고향」(1941년 9월)만 그곳에서 쓰여진 시이다. 그럼에도 의미를 극대화시키기 위해 주요 작품이 이곳에서 창작된 것처럼 이야기하고 있다.

윤동주는 1941년 5월 후배 정병욱과 머물 곳을 찾다 이곳과 인연을 맺었다. 그러나 요시찰 인물이었던 김송의 집에 오래 있기는 어려웠다. 따라서 그 해 9월까지 살았던 게 전부다. 여름방학 때 만주에 다녀

▌윤동주의 하숙집 터

온 사실을 감안하면 윤동주가 누상동에 머물렀던 시간은 더 짧아진다.

하지만 종로구는 2012년 창의문 옆에 '윤동주문학관'까지 건립해 관광객들을 불러모으고 있다. 옥류동천 일대가 관광지로 개발되며 졸지에 윤동주가 이곳 토박이처럼 대접받는 상황이다.

이유야 어찌되었든 윤동주가 거쳐간 곳이니 좀더 살펴보도록 하자. 태평양전쟁이 시작되며 조선은 전시체제로 전환되었다. 그로 인해 학제가 단축되었고 윤동주는 3개월 일찍 연희전문을 졸업했다. 졸업기념으로 19편의 작품을 모아 시집『하늘과 바람과 별과 시』한정판 77부를 출간하려 했으나 주변의 만류로 뜻을 이루지 못했다. 그는 시집

3부를 수기로 만들어 한 권은 자신이 갖고 나머지 두 권은 이양하 교수와 정병욱 후배에게 증정했다. 시집 제목은 원래『병원』이었으나 「서시」를 쓴 후 제목을 바꾸었다. '병원'에는 병든 사회를 치유한다는 상징적 의미가 담겨 있었다.

윤동주 본인이 소유하던 시집은 그가 옥사하며 사라졌고, 이양하 교수에게 건넨 것 역시 행방불명되었다. 징병에 끌려가면서 고향집 어머니에게 부탁한 정병욱의 시집만 살아남았다.

윤동주의 시가 우리에게 활자로 다가오기까지 그의 벗 강처중의 역할이 매우 컸다. 윤동주 시집과 강처중의 이야기는 이념에 따른 민족분단이 우정을 어떻게 갈라놓았는지를 보여주는 좋은 사례이다.

연희전문 시절 기숙사 핀슨홀에서 윤동주와 함께 생활했던 '핀슨홀 3총사'가 있었다. 윤동주의 고종사촌 송몽규와 강처중인데, 모두 같은 해에 입학했다. 그리고 2년 후 정병욱이 입학했다.

연희전문을 졸업하고 윤동주는 1942년 도쿄 릿교대학으로, 송몽규

1968년 윤동주가 연희전문 시절 머물렀던 기숙사 '핀슨홀' 앞에 세워진 '윤동주 시비'

윤동주의 시집 『하늘과 바람과 별과 시』에 발문을 쓴 강처중(왼쪽)과 서문을 쓴 정지용(오른쪽)

는 교토 제국대학으로 유학을 떠났다. 윤동주는 그곳에서 한 학기를 마치고 교토 도시샤대학 영문학과에 재입학했다. 송몽규가 교토에 있기도 했지만, 백석과 그가 가장 존경했던 정지용의 숨결을 느끼기 위해서 아니었을까.

하지만 송몽규가 '재교토 조선인학생민족주의그룹 사건 책동' 혐의로 체포되면서, 윤동주 역시 체포되었다. 특별한 활동이 없었던 윤동주의 체포는 사회활동이 왕성했던 송몽규와의 관계 때문인 듯 보인다. 두 사람이 혈연관계인 데다 어릴 때부터 일본 유학에 이르기까지 늘 함께 움직였기 때문이다.

이후 윤동주의 죽음이 생체실험 때문일 거라는 정보를 전해준 사람 역시 송몽규였다. 그 역시 같은 실험대상이었다. 송몽규는 윤동주가 세상을 떠나고 3주 후 사망했다. 그리고 불과 6개월 뒤 우리나라는 해방되었다.

1947년 2월 윤동주 사망 2주기를 앞두고 그를 기억하는 사람들이 모였다. 그리고 윤동주의 시를 세상에 알리는 것이 그를 추모하는 유일한 방법이라는 데 의견을 같이했다.

강처중이 그 일을 도맡아 처리했다. 이듬해 윤동주가 쓴 19편의 시와 일본 유학시절 강처중에게 보낸 5편의 시 등 총 31편이 『하늘과 바람과 별과 시』에 담겨 세상에 선을 보였다. 당시 정지용이 시집의 서문을 쓰고, 강처중이 발문을 달았다. 하지만 10년 뒤 출간된 증보판에서 두 사람의 이름과 글은 사라졌다.

증보판이 나온 건 6·25가 끝나 38선이 군사분계선으로 바뀌고 남북이 서로를 적대시하던 때였다. 따라서 월북한 정지용과 해방 전후 언론계의 남로당 거물이었던 강처중의 이름이 지워진 건 어쩌면 당연한 일인지도 모른다.

아래 사진에 등장하는 인물들에 대해 여러 의견이 있지만, 문익환 목사에 따르면 '은진중학교에서 숭실로 전학간 학생들끼리 모여서 찍은 사진'이라고 한다.

앉아 있는 사람은 이영헌 전 장로교신학대 교수이며, 뒷줄의 오른쪽이 윤동주, 가운데는 문익환 본인이라고 밝혔다. 왼쪽의 인물은 얼굴은 기억나지만 이름이 생각나지 않는다면서, 항간의 추측처럼 장준하는 절대 아니라고 했다. 장준하는 숭실중학교 동창이지만 은진중학교 출신은 아니라는 것이다. 앉아 있는 사람 또한 정일권으로 많이들 아는데, 정일권은 윤동주, 문익환이 신사참배 문제로 숭실중학교를 자퇴하고 광명중학교로 전학가서 만난 친구라고 한다.

중학교 시절의 윤동주(뒷줄 오른쪽)와 문익환(뒷줄 가운데)

문익환 목사는 그때의 전학을 '솥에서 뛰어 숯불에 내려앉은 격'이라고 표현했다. 광명중학교가 일제에 협력했을 뿐만 아니라 일본 위주의 교육을 실시했기 때문이다. 어쩌면 정일권이 그곳 출신이어서 훗날 친일파가 되었는지도 모를 일이다.

윤동주, 문익환과 정일권의 친분 여부는 불확실하지만, 광명중학교 동창생인 건 확실하다. 정일권은 그야말로 처음부터 끝까지 친일파였다.

흥미로운 사실은 문익환, 정일권이 같은 날 사망했다는 점이다. 두 사람의 죽음은 당시 언론에 대서특필되었다. 문익환 목사의 경우, 수십만 명이 대학로에서 노제와 장례를 치른 후 민중운동가의 상징인 마석 모란공원에 안장되었다. 그에 비해 정일권의 장례식은 일부 정치인들만 참석한 채 국회의사당에서 치러졌으며, 경찰차의 호위를 받고 동작동 국립묘지에 안장되었다.

두 사람의 장례식은 우리에게 많은 것을 시사한다. 수십만 명의 애도 속에 세상을 떠나간 이는 일반 공원묘지로, 『친일인명사전』에 등재된 누군가는 '나라를 지킨 이들'의 상징인 국립묘지로 갔다. 우리 현대사를 압축적으로 설명하는 장면이 아닐까 싶다.

26

안평대군이 사랑했던 '수성동 계곡'

　　윤동주의 하숙집에서 위로 약 100미터쯤 가면 옥류동천의 최상류인 수성동 계곡이 나온다. '수성'(水聲)은 물소리가 맑다는 의미를 지닌다. 추사 김정희의 시 「수성동 우중에 폭포를 구경하다」(水聲洞雨中觀瀑 此心雪韻)와 겸재 정선의 「장동팔경첩」(壯洞八景帖) 가운데 한 곳일 정도로 수성동 계곡은 조선시대 명승지였다.

　　뿐만 아니라 세종의 셋째아들로 한석봉과 더불어 조선 최고의 명필로 꼽히는 안평대군의 집 '비해당'(匪懈堂)이 있던 곳이다. 아버지 세종이 당호를 직접 내렸는데, 『시경』 「증민」 편에 나오는 '숙야비해 이사일인'(夙夜匪懈 以事一人)에서 따온 것이다. '이른 새벽부터 밤늦게까지 게을리하지 않고 한 사람을 섬긴다'는 뜻으로, 탁월하게 똑똑하고 뛰어난 셋째아들이 혹시 딴마음을 먹거나 엉뚱한 움직임에 휩쓸리지 말고 큰형(문종)을 잘 보필하라는 의미가 담겨 있었다.

　　조선은 건국 이래 왕자의 난 등으로 피바람이 몰아쳐 장자승계의 원

이곳에 있던 시민아파트를 철거하고 2012년 복원한 인왕산자락 옥류동천의 최상류인
수성동 계곡

칙이 한 번도 지켜지지 못했다. 세종은 자기 대부터라도 그것을 이루
고자 했던 것 같다. 그리하여 기량이 뛰어난 안평대군 대신 맏아들에
게 왕위를 물려주었다.

안평대군의 삶은 아버지 세종의 희망과 달리 순탄하지 못했다. 문
종이 즉위한 지 2년 3개월 만에 승하함으로써 다시 피바람이 불어닥
쳤다. 문종의 외아들 단종에게 왕위가 계승되었지만, 단종의 삼촌이
자 안평대군의 형이었던 수양대군의 왕권 찬탈(계유정난)이 발생했다.

안평대군은 강화도로 유배되었고, 결국 그곳에서 사약을 받았다. 자
신의 이름 안평(安平)과는 전혀 다른 방식으로 36세의 젊은 나이에 세

상을 떠난 것이다. 이러한 안평대군의 삶이 어려 있는 곳이기에, 수송 동 계곡 저편에 자리했을 비해당을 그려보며 안평대군을 떠올려보는 것도 의미 있는 일일 것이다.

흥미로운 점은, 안평대군이 죽자 세종의 둘째형이자 안평대군의 삼 촌인 효령대군이 비해당의 주인이 되었다는 사실이다. 효령대군은 안 평대군보다 22년 먼저 태어났지만 33년을 더 생존해 90세까지 장수 했다. 하지만 수성동 계곡에서 효령대군을 떠올리는 이는 아무도 없을 것이다. 우리 모두 언젠가는 죽음을 맞이할 수밖에 없는 존재이기에 조금 더 그 의미가 특별하게 느껴진다. 안타깝게도 비해당은 현재 어 떠한 흔적도 남아 있지 않다.

스물아홉 살 때 꿈에서 무릉도원을 본 안평대군이 화가 안견에게 내 용을 설명하고 그리게 한 것이 현재 일본에 가 있는 「몽유도원도」이 다. 어느 날 그가 비해당 뒤쪽 인왕산자락을 찾았는데 꿈에서 본 무릉

▌안평대군의 별장 무계정사가 있었음을 알려주는 종로구 부암동 각자바위

도원과 너무도 흡사했다. 안평대군은 '무계정사'라는 별장을 짓고 그 곳에 머물렀다. 자하문 너머 종로구 부암동 일대인데, 안평대군이 쓴 '무계동'(武溪洞)이란 글씨가 바위에 새겨져 있다.

나는 정묘년(1447) 4월 무릉도원을 꿈꾼 일이 있었다. 그러다가 지난해 9월 우연히 유람하던 중에 국화꽃이 물에 떠내려오는 것을 보고는, 칡넝쿨과 바위를 더위잡아 올라 비로소 이곳을 얻게 되었다.
이에 꿈에서 본 것들을 비교해보니 초목이 들쭉날쭉한 모양과 샘물과 시내의 그윽한 형태가 비슷했다. 그리하여 올해 들어 두어 칸으로 짓고 무릉계라는 뜻을 취해 무계정사(武溪精舍)라는 편액을 내걸었으니, 실로 마음을 즐겁게 하고 은자들을 깃들게 하는 땅이다.
　　—안평대군, 「부원운 병서」(대통령경호실, 『청와대 주변 역사문화유산』 (2007), 407쪽 재인용)

이곳은 서울시 인구 증가에 따른 주택 개발로 1971년 지어진 옥인 시범아파트를 2011년 철거함으로써 복원되었다.
옥인시범아파트의 철거가 논의된 것은 현 창의문 옆에 위치한 '윤동주 시인의 언덕' 자리에 있던 청운아파트가 철거되고 얼마 후였다. 청운아파트는 노후했기 때문이고, 옥인아파트는 인왕산 녹지의 침범이 주된 이유였다. 그 당시 오세훈 서울시장의 르네상스 사업 중 내사산 르네상스의 일환으로 청계천 상류 복원이 진행되었다. 따라서 도시자연공원을 조성하기 위한 차원의 철거계획이었다.
인왕산 도시자연공원 추진의 전환점이 된 것은 아파트 철거과정에서 겸재 정선의 「수성동 계곡」에 나오는 '기린교'가 발견되면서부터이

아파트 철거 과정에서 돌다리(오른쪽)를 찾았는데, 겸재 정선의 「수성동 계곡」(왼쪽)에 등장하는 '기린교'로 추정된다.

다. 통바위로 된 그것을 시멘트로 덮고 철제 난간을 세워 아파트로 들어가는 다리로 이용했던 것이다. 시멘트를 걷어내니 겸재 정선의 그림 속 기린교와 정확히 일치했다.

돌다리의 발견으로 개발 초점이 '인왕산 녹지를 침범한 아파트'가 아니라 '수성동 계곡을 가리는 아파트'로 바뀌었다. 이와 함께 수성동 계곡과 기린교는 서울시 기념물로 지정되었다. 수성동 계곡은 서울시 기념물 중 최초의 자연물이라는 기록을 갖는다.

하지만 주민 보상에 980억 원, 공원 조성에 80억 원을 투입해 복원된 수성동 계곡은 장소에 내재한 시간의 가치는 사라진 채 보여주는 공간에만 집착했다는 느낌을 지우기 어렵다. 그저 잘 정비된 조경사업으로 보일 뿐이다.

겸재 정선의 그림 「수성동 계곡」과 추사 김정희의 시 「수성동 우중에 폭포를 구경하다」로 그곳의 옛 모습을 떠올려본다.

수성동에서 비를 맞으며 폭포를 보고 심설(沁雪)의 운(韻)을 빌리다

2010년 옥인아파트 철거 전

2014년 수성동 계곡

수성동 계곡이 개발
되기 전후의 모습

골짜기 들어오니 몇 무 안 되고
나막신 아래로 물소리 우렁차다
푸르름 물들어 몸을 싸는 듯
대낮에 가는데도 밤인 것 같네
고운 이끼 자리를 깔고
둥근 솔은 기와 덮은 듯
낙숫물 소리 예전엔 새 소릴러니
오늘은 대아송(大雅誦) 같다

산마음 정숙하면
새들도 소리 죽이나
원컨대 이 소리 세상에 돌려
저 속된 것들 침 주어 꾸밈없이 만들었으면
저녁 구름 홀연히 먹을 뿌리어
시의(詩意)로 그림을 그리게 하네

27

단경왕후의 연정과 치마바위

　수송동 계곡 뒤쪽으로 인왕산 정상이 보이고 그 아래로 넓은 바위가 펼쳐진다. 그것을 치마바위라고 부르는데, 이는 조선시대 중종반정에서 유래한다.

　연산군을 끌어내리고 그 친위세력인 신수근 형제를 처단한 뒤 연산군의 배다른 동생 진성대군이 임금(중종)으로 추대되었다. 그런데 왕실의 복잡한 친인척 관계가 문제였다. 역적으로 처단된 신수근의 여동생이 연산군의 아내였고, 신수근의 딸은 새롭게 추대된 중종의 아내였다. 여동생과 딸을 왕비로 둔 신수근은 대단한 외척세력임에 틀림없었다. 하지만 권력의 틈바구니에서 그 역시 희생되었다.

　신수근이 역적으로 몰렸기에 결과적으로 역적의 딸이 왕비가 된 셈이었다. 반정세력들은 왕비를 폐위시켜야 한다고 주장했다. 중종으로서도 어쩔 수 없는 상황이었다. 그리하여 단경왕후 신씨는 7일 만에 폐비가 되고 말았다. 연산군과 중종의 비 모두 폐비가 된 셈이었다.

중종은 단경왕후조차 궐에서 쫓아내야 하는 상황이 너무도 안타까
웠다. 그는 한없는 그리움을 담아 단경왕후가 머물던 사가 쪽으로 눈
길을 주곤 했다.

그 이야기를 들은 단경왕후는 임금이 볼 수 있도록 자신의 치마를
인왕산 바위에 걸쳐놓았다고 한다. 중종과 단경왕후의 애틋한 사연을
접한 사람들은 그 바위를 치마바위로 부르기 시작했다.

하지만 이런 애틋함은 조선시대로 끝이 난다. 제국주의의 식민지로
전락한 이 땅에서 현실은 가혹했다. 1915년 일제의 식민정책 홍보를
위한 '시정5년기념 조선물산공진회'가 경복궁에서 개최되었다. 그리고
그로 인해 궁궐 전각이 파괴되기 시작했다. 급기야 1926년에는 총독부
건물을 세워 경복궁을 가로막았다. 또한 총독부 전면의 남산 중턱에 '조
선신궁'을 세워 우리 민족의 정기를 파괴했다.

일제의 서울 파괴는 인왕산도 예외가 아니었다. 1937년 중일전쟁

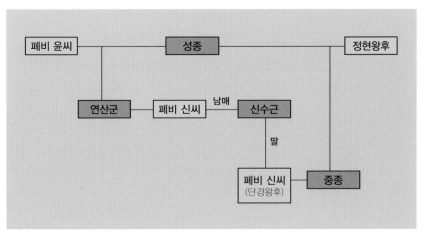

▌ 신수근과 연산군·중종의 관계

▌총독부가 인왕산 치마바위에 새긴 대일본청년단대회 기념글씨의 흔적들

이 발발하자 일본은 대륙 침략전쟁의 속전속결을 위해 모든 역량을 중
국 화북전선에 집중했다. 그리고 조선을 후방기지로써 전시동원체제
로 전환시켰다.

이 과정에서 1939년 가을 '대일본청년단대회'가 경성에서 개최되었
는데, 이를 기리기 위해 치마바위에 글씨를 새겼다.

이곳에 새겨진 글자는 오른쪽부터 다음과 같다.

동아청년단결(東亞靑年團結)

황기 2599년 9월 16일(皇紀二千五百九十九年九月十六日)

조선총독 미나미 지로(朝鮮總督南次郎)

그리고 가장 왼쪽에 작은 글씨로 대일본청년단대회를 개최한다는
사실과 기념각자를 남기는 이유를 서술했다. 그런 다음 마지막에 '조
선총독부 학무국장 시오바라 도키사부로'라고 적었다.

이 문구가 특별히 인왕산에 새겨진 이유는 '서울을 한눈에 굽어볼

수 있는 곳'이었기 때문이다. 이러한 기념각자의 의도를 총독부 기관
지였던 『매일신보』는 다음과 같이 전했다.

> 이 기념문자로서 신동아의 새로운 질서를 세우는 데에 몸과 마음
> 을 바치는 상징이 되게 하며 이 글자를 생각함으로써 동아(東亞)의
> 오족(五族)을 대표한 청년들은 더욱 단결을 굳게 할 것을 맹세하기
> 로 한 것이다.
>
> ─『매일신보』(1939년 9월 7일)

나라를 빼앗기니 중종과 단경왕후의 사랑이 깃든 바위조차 조선 청
년들을 대륙 침략의 총알받이로 몰아넣는 도구로 전락했다.

1950년 2월 서울시에서 치마바위에 새겨진 글자들에 대해 "민족정
신 앙양과 자주정신 고취에 미치는 바 영향이 많다"며, 82만 원을 들
여 삭제공사를 실시했다. 따라서 이제는 그 내용을 정확히 알아보기
어렵다. 그럼에도 불구하고 여전히 남아 있는 당시의 흔적은 우리 민
족의 슬픈 역사를 말해주는 듯하다.

28

한국 근대 서양화의 거목 이중섭

수성동 계곡에서 발길을 돌려 내려오면 옥인제일교회가 있고, 바로 맞은편 언덕에 이중섭(1916~1956)이 마지막으로 살았던 집(누상동 166-202)이 위치해 있다.

이중섭은 자신에 대해 '한국이 낳은 정직한 화공'이라 말했다. 하지만 생존했을 당시에는 '화단의 이채' 정도로 평가받으며 궁핍한 생활에서 벗어나지 못했다. 결국 일본에 머무르던 가족과 만나지 못한 채 1956년 적십자병원에서 쓸쓸히 숨을 거두었다. 서러운 삶을 마감하고서야 '정직한 화공' 이중섭은 '우리 화단의 귀재', '요절한 천재화가'로 거듭날 수 있었다.

전쟁과 분단 속에서 가난과 싸우다 외롭게 죽음을 맞이한 그의 삶 속으로 들어가보자.

이중섭은 1916년 평남 평원군에서 부농의 막내아들로 태어났다. 1938년 일본 유학시절 만난 야마모토 마사코(한국이름 이남덕)에게 그

▌엎혀 살며 미도파화랑에서의 첫 개인전을 준비했던 이중섭 화백의 누상동 친구집

림엽서로 날마다 사랑을 전한 끝에 1945년 5월 결혼에 성공했다. 전쟁의 포화 속에서 1950년 12월 부산으로 간 이중섭 가족은 다시 제주도로 건너갔다. 하지만 1년도 못 돼 부산으로 돌아왔다.

1952년 이중섭은 종군화가단에 가입한다. 하지만 가난한 삶은 가족과의 평범한 일상을 허락하지 않았다. 1952년 2월 그의 부인은 일본인수용소를 거쳐 두 아들과 함께 일본에 있는 친정으로 떠났다. 이때부터 그는 부인과 자식들에게 다시 그림엽서를 보내는 것으로 사랑을 확인했다.

1년 뒤 친구의 도움으로 선원증을 구해 일본으로 건너갔지만, 일주일짜리 임시체류증이었던지라 곧 돌아와야 했다. 1954년 누상동 친구집에 엎혀 살던 이중섭은 아내에게 다음과 같이 사랑의 편지를 보냈다.

당신이 사랑하는 유일한 사람 이 아고리('긴 턱'이라는 의미를 지닌 이중섭의 별명)는 머리가 점점 더 맑아지고 눈은 더욱더 밝아져서, 너무도 자신감이 넘치고 또 흘러 넘쳐 번득이는 머리와 반짝이는 눈빛으로 그리고 또 그리고 표현하고 또 표현하고 있어요.

끝없이 훌륭하고……

끝없이 다정하고……

나만의 아름답고 상냥한 천사여.

더욱더 힘을 내서 더욱더 건강하게 지내줘요.

화공 이중섭은 반드시 가장 사랑하는 현처 남덕 씨를 행복한 천사로 하여 드높고 아름답고 끝없이 넓게 이 세상에 돋을새김해 보이겠어요.

이중섭은 그곳에 6개월 정도를 머무르며 생존을 위한 첫 개인전을 준비했다. 하지만 가족에게 갈 여비를 마련하기 위해 미도파화랑에서 어렵게 개최한 개인전(1955년 1월)은 뜻밖의 사연으로 실패하고 말았다.

디프테리아로 죽은 아들에 대한 안타까움과 가족에 대한 그리움을

가족에 대한 그리움을 표현했지만 춘화로 낙인찍혀 논란을 불러일으킨 「길 떠나는 가족」이 그려진 편지. 아들 태현에게 쓴 것이다.

형상화한 작품들이 춘화로 낙인찍혀 철거당한 것이다. 그나마 판매된 그림조차 돈을 떼이는 등 예상치 못한 일들이 반복되면서 기회로 여겼던 개인전은 그를 더욱 힘들게 만들었다.

실의에 빠진 이중섭은 4개월 뒤 대구 미국공보관에서 두 번째 개인전을 열었다. 하지만 그것 역시 돈과는 거리가 멀었다. 이러한 현실의 장벽 앞에서 그는 정신이상 증세를 나타냈다.

여러 병원을 떠돌던 이중섭은 결국 서대문 적십자병원에서 숨을 거두었다. 시신은 무연고 처리되었고 사흘간 방치되었다. 결국 그는 홍제동 화장터를 거쳐 망우리 공동묘지에 안장되었다. 1956년 9월 6일, 그의 나이 40세 때였다.

평론가들은 어려운 상황에서 꽃 피운 뛰어난 예술성을 이야기하지만, 나는 이중섭 하면 '전쟁'이 생각난다. 남북이 여전히 대치 중인 상황이기 때문이다. 언제고 전쟁은 우리의 삶을 그처럼 송두리째 뒤흔들 것이다.

통인시장에서 옥류동천을 기준으로 남쪽이 누상동, 누하동이며 북쪽은 옥
인동이다. 누상동과 누하동의 옛 지명은 누각동(樓閣洞)이었다.

『동국여지비고』에서는 그 유래를 '누각동은 인왕산 아래에 있고 연산군 때
누각을 지었기 때문에 이름한 것'이라고 말한다. 일제강점기인 1914년 경성
부의 행정구역 명칭을 새롭게 제정하는 과정에서 누각동 위쪽은 누상동, 아
래쪽은 누하동으로 나뉘었다.

수성동 계곡 입구에 '누각'(樓閣)이라는 카페가 있는데, 이곳의 본래 지명이
누각동임을 알고 상호를 그렇게 지은 듯하다.

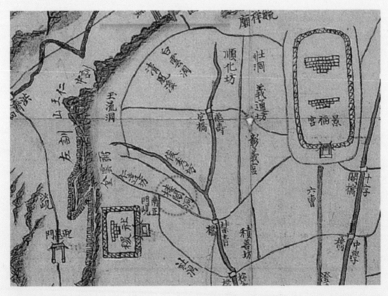

'누각동'으로 표기된 조선성시도(1830)

29

친일파 윤덕영의 호화로운 집 '벽수산장'

일반적으로 '서촌 기행' 때 가장 많이 찾는 명소들은 대부분 옥
인동(玉仁洞)에 몰려 있다. 옥인동은 옥류동(玉流洞)과 인왕동(仁王洞)을
합치며 한 글자씩 따온 것이다.

일제강점기인 1927년 옥인동 면적의 54퍼센트를 소유한 이가 있었
다. 박노수 가옥에서 잠시 살펴본, 조선의 마지막 황후 순정효황후의
큰아버지 윤덕영이다.

약 1만 6천 평의 대지에 지하1층 지상3층 규모의 당시 조선인 최대
가옥이었던 '벽수산장'이 그의 집이었다. 박노수 가옥 뒤쪽으로 펼쳐
진 대부분의 땅이 해당되었다. 어느 프랑스 귀족의 별장 설계도에 따
라 지어졌는데, 전례가 없는 건축물이었기에 예상치 못한 자재가격 등
으로 건설업자가 파산하는 등 우여곡절이 있었다.(1935년 완공)

벽수산장은 규모만 대단한 것이 아니었다. 뱃놀이를 위해 옥인제일
교회부터 그 아래쪽으로 약 200평 넓이의 직사각형 연못까지 만들어

┃ 벽수산장

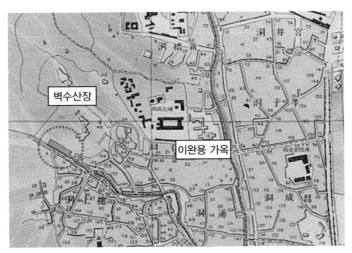
┃ 경성시가도(1933)에 표시된 벽수산장의 연못

▌벽수산장 안채   ▌벽수산장 문설주

놓았다. 이는 당시 지도에도 표기될 만큼 규모가 컸다. 한번은 집중호우에 이 연못의 둑이 터져 아래쪽 초가집들이 수해를 입는 사고가 발생했다. 이에 집주인 윤덕영을 비꼬는 신문기사가 등장하기도 했다.

> 연못이 어느 해인지 장마통에 터져서 앞동네 초가집들이 물벼락을 맞았는데 손해는 대궐 안에서 물어주셨답니다. 그러기에 충심이 그리 갸륵하지요.
> ─『동아일보』(1924년 7월 21일)

인왕산 중턱에 위치해 경성 사대문 안 어디서나 볼 수 있었던 벽수산장은 1940년 윤덕영이 죽고 양손 윤강로에게 상속되었다. 그러다 해방 직전 미쓰이광산주식회사 소유가 되었다.

해방 후 적산처리되어 덕수병원에 불하되었으며, 전쟁 때는 조선인민공화국 청사로 사용되었다. 서울이 수복되고 미군장교 숙소와

옥인동 윤씨 가옥	윤덕영의 벽수산장 안채
관훈동 민씨 가옥	처음에는 박영효 가옥으로 잘못 소개되다 민씨 가옥으로 수정되었다. 민씨는 민영휘를 의미한다.
제기동 해풍부원군 윤택영 재실	윤택영은 윤덕영의 동생이며 마지막 황후였던 순정효황후의 아버지로, 채무왕이라는 별명을 지녔다

┃ 남산골 한옥마을에 전시 중인 다섯 채의 한옥 중 친일파 가옥들

UNCURK(국제연합 한국통일부흥위원단) 청사 등으로 사용되던 벽수산장은 1966년 실화로 2, 3층이 전소되었다. 그리고 1973년 도로정비사업으로 철거되었다.

현재는 1919년 완공된 안채(옥인동 47-133)와 골목길에 방치된 정문

기둥 4개 가운데 3개의 흔적이 남아 있을 뿐이다.

이곳 안채는 현재 남산골 한옥마을에 있는 다섯 채의 한옥 가운데 '옥인동 윤씨 가옥'으로 소개되고 있다. 본래 이 가옥을 그곳에 그대로 옮겨 지으려 했지만, 윤덕영의 첩이 살았던 집이라 그런지 관리가 제대로 되지 않아 손상이 심했다. 그래서 아예 같은 모양의 건물을 남산골 한옥마을에 새로 지었다.

남산골 한옥마을은 우리뿐만 아니라 많은 외국인들이 우리 민족의 전통가옥을 보고 체험하는 곳이다. 그런데 그곳에 옮겨지거나 새롭게 지어진 한옥 다섯 채 가운데 세 채가 대표적인 친일파의 가옥이다.

무릇 인간이란 현상적으로 보이는 건축물만이 아니라 그곳에 거주했던 이들의 삶까지 느끼고 상상하게 마련이다. 한옥마을을 기획한 이는 관광객들에게 과연 무엇을 이야기하려 한 것일까. 집과 주인은 결코 분리될 수 없지 않을까.

다음과 같은 『화엄경』 구절이 떠오르는 시점이다.

같은 물도 독사가 먹으며 독을 뿜고,
소가 먹으면 우유가 된다.

30

세종의 후궁이 머물렀던 자수궁

시대의 변화 속에 또 다른 역사적 인물들이 벽수산장 입구에 거주
했다. 조선왕조의 『문종실록』에 다음 내용이 나온다.

임금이 무안군의 예전 집을 수리하도록 명하고 이름을 자수궁이
라 하였으니, 장차 선왕(세종)의 후궁을 거처하도록 하기 위함이었다.

이처럼 세종의 후궁을 위해 지어진 자수궁(慈壽宮)이 바로 군인아파
트(옥인동 45) 자리에 있었다. 무안군은 왕자의 난(1398)으로 이방원에
게 살해된 이복동생 방번을 의미한다. 따라서 그곳은 방번의 집터이
기도 한 셈이다.

세종은 소헌왕후 외에 다섯 명의 후궁을 두었다. 왕이 승하하면 궁
궐을 떠나야 하는 그녀들에게 마련해준 처소가 경복궁 바로 옆인 자수
궁이었다. 시간이 흘러 성종의 비이자 연산군의 어머니였던 윤씨가 빈

으로 강등된 후 거주했으며, 치마바위에서 살펴본 중종의 비 단경왕후
도 궁에서 쫓겨난 뒤 그곳에서 생활했다.

재혼할 수 없는 몸이니 여생을 비구니로 지내는 경우가 많았다. 이
때문인지 자수궁에 들어온 후궁들은 머리를 깎고 불교에 귀의하거나
여승과 함께 거주하기도 했다. 이런 흐름 속에서 자수궁은 자수원(慈壽
院) 같은 사찰 이름으로 기록되기도 한다. 한때 이곳은 5천여 명의 여
승을 수용하는 국내 최대 승방으로 성장했다.

명나라 황실 궁녀였던 굴씨(屈氏)도 이곳에 머물렀다는 기록이 있다.
그녀는 병자호란 때 심양에 인질로 끌려가 있던 소현세자를 모셨다.
명나라가 망하자 조선으로 함께 왔는데, 소현세자가 사망한 뒤에도 청
나라의 환국명령을 거부하고 조선에 남았다. 자신의 조국 명나라를 멸
망시킨 청나라로 돌아가고 싶지 않았던 것이다.

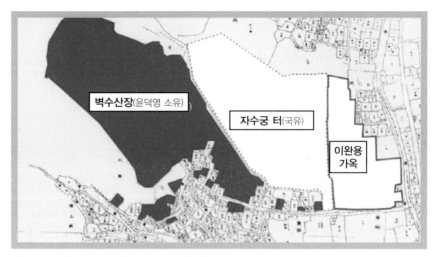

굴씨는 비파를 잘 탔고, 손가락과 휘파람으로 인왕산의 새와 짐승을 불러내 대화했다고 전해진다. 더불어 조선에 새와 짐승을 길들이는 방법을 보급했다고 한다.

이런 재주 때문인지 그녀에 대한 글이 여럿 전해져온다. 무엇보다 명나라의 마지막 황제인 숭정제의 황후를 모신 궁녀라는 점이 사람들의 관심을 끌었을 것이다. 조선후기 사대부들에게는 명나라에 대한 향수와 청나라에 대한 경멸이 공존했기 때문이다.

굴씨의 삶은 정조24년(1800) 왕명에 따라 의례의 여러 사례를 모아놓은 『존주휘편』에 비교적 상세히 기록되어 있다.

효종의 북벌계획에 큰 기대를 가졌지만, 결국 그녀는 북벌을 보지 못한 채 70세의 나이로 생을 마쳤다. 그녀의 묘가 경기도 고양시 대자동 산 65번지에 위치한 까닭은 다음과 같은 유언에 따른 것이다.

오랑캐는 나의 원수요. 내 생전에 오랑캐의 결말을 보지 못하고
죽게 되었지만 행여라도 북벌하러 가는 군대가 있다면 내 두 눈을
부릅뜨고 지켜볼 것이니 내가 죽거든 서쪽 교외 길가에 묻어주오.

수많은 궁궐의 여인들이 거쳐간 자수궁 터에서는 효종의 뒤를 이
어 즉위한 현종2년(1661)에 북학(北學)의 새로운 기운이 시작되었다.

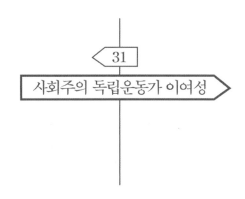

31

사회주의 독립운동가 이여성

자수궁 터인 군인아파트 정문을 마주보며 서 있는 세종아파트는 우리에게 잘 알려지지 않은 지식인 이여성(1901~?, 본명 이명건)의 집이 있던 곳이다. 하지만 그의 집터라는 표석조차 존재하지 않는다. 해방정국에 사회주의를 선택했다는 이유로 우리 사회에서 그의 존재는 완전히 지워졌다.

경북 칠곡에서 개화한 대지주의 아들로 태어난 이명건은 식민지 조국의 현실에 일찍부터 눈을 떴다. '역사'와 '미술'에 관심이 많았던 그는 아홉 살 때 서울로 올라와 1918년 보성고보를 졸업했다. 그 후 친구 김원봉, 김두전과 해외에서 민족해방운동을 벌이기로 결의하고 중국 난징의 진링대학에 입학한다.

이들이 중국으로 떠나기 직전, 김원봉의 고모부는 이국땅에서도 조국을 잊지 말라는 의미로 모두에게 호를 지어주었다. 이명건은 여성(如星, 별과 같이), 김원봉은 약산(若山, 산과 같이), 김두전은 약수(若水,

아무런 표석 없이 지번상으로만 존재하는 종로구 옥인동 이여성의 집터에 세워진
세종아파트

물과 같이)다. 실제로 그들은 평생 동안 조국산천을 잊지 않고 민족의
역사와 함께했다. 그렇기에 지금도 본명보다 이여성, 김약산, 김약수
로 불리고 있다.

이여성은 1919년 3·1 운동 직후 귀국했으며, 대구지역 학생비밀결
사 '혜성단'을 조직해 활동하다 3년간 투옥되었다. 그 뒤 일본으로 유
학을 떠난 그는 김약수와 함께 사회주의 운동의 선봉에 섰다.

귀국해 『동아일보』 조사부장으로 일했으며, '세광사'라는 출판사를
만들어 『숫자조선연구』(1931~35)를 출간했다. 이 책은 당시 총독부 통
계자료의 허구성을 드러내고, 조선의 현실을 구체적이고 과학적으로

총독부 통계자료의 허구성을 폭로한 이여성의 역작 『숫자조선연구』(왼쪽, 총 5권, 김세용 공저)가 2014년 재출간(오른쪽)되었다.

이여성이 쓴 『조선복식고』(왼쪽)가 현대에 재출간(오른쪽)되었다. 가운데 사진은 『조선복식고』에 수록된 것으로, 고증을 통해 제작된 상고시대 여성 의상을 이화여전 학생에게 입혀 촬영했다고 한다.

인식할 수 있게 했다. 참고로 국내 출판물 가운데 색인을 실은 최초의 책이기도 하다.

한편, 이여성은 당시 수묵화의 거장이었던 청전 이상범과 전시회를 같이 열 만큼 미술 분야에 두각을 나타냈다. 1920년대 초 일본에서 조직운동을 할 때도 전시회에 작품을 낼 만큼 미술에 대한 애정이 깊었다. 이런 인연으로 1936년 『동아일보』 일장기 말소사건에 이여성과 이상범이 함께 연루되었던 것이다.

해직된 후 이여성은 엄밀한 고증을 전제로 역사풍속화에 몰두했다. 1938년 초 12점의 대형 역사화를 완성했는데, 현존하는 것은 『격구도』뿐이다. 한편, 그는 우리 고유의 복식사(服飾史) 연구에 빠져들었다.

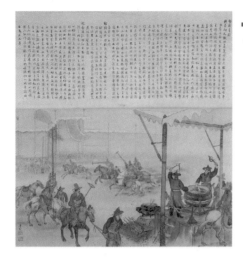

이여성의 역사풍속화「격구도」

　1940년대 초 이여성은 자신이 만든 고구려, 신라, 백제의 의상을 이화여전 학생들에게 입혀 옥인동 양옥집 2층 베란다에서 패션쇼를 열었다. 이날 촬영된 사진 가운데 몇 장이 해방 후 출간된 『조선복식고』(1947)에 실렸다. 그의 말처럼 '조선을 잘 알고 싶다'는 욕망이 이런 전인미답의 영역을 개척하게 한 것이다.

　해방이 되자 이여성은 건국준비위원회, 조선인민당, 근로인민당 등에서 줄곧 여운형과 함께 행동했다. 1947년 여운형이 암살되자 그는 여운형의 뒤를 이었고, 1948년 4월 평양에서 열린 남북연석회의에 근로인민당 대표로 참석했다.

　회의가 끝난 후 북에 남기로 결정한 그는 최고인민회의 대의원, 김일성종합대학 역사강좌장 등으로 활동했고, 『조선미술사개요』(1955), 『조선건축미술의 연구』(1956) 등을 저술했다.

　북에 남음으로써 그의 이름은 더 이상 남쪽에서 언급되지 못하는 상황이 되었다. 하지만 그의 학문적 성과는 여전히 우리에게 영향을 미치고 있다. 예를 들어, 사극을 제작할 때 그가『조선복식고』에서 서술한 우리 민족의 고대시대 복식문화가 중요한 참고자료로 이용된다.

한편, 이여성과 함께 중국으로 떠난 김약수(1890~1964)는 1925년 제1차 조선공산당에 참여했다. 그 후 박헌영이 이끌던 화요파와 결별하고 별도로 활동했는데, 해방이 되고 제헌의원에 당선되어 국회부의장에 오르기도 했다. 그러나 '국회 푸락치 사건'에 연루되어 서대문형무소에 투옥되었다가 6·25 때 북을 선택했다.

최근 영화「암살」(2015)에서 본명인 김원봉으로 출연해 관심을 끈 김약산(1898~1958)은 일관되게 무장투쟁의 길을 걸었다. 의열단 단장과 조선의용대 총대장 등을 역임했으며, 해방 직전 임시정부에서 군무부장을 맡기도 했다. 이처럼 목숨을 걸고 싸우면서도 붙잡히지 않았던 그는, 해방된 조국에서 그것도 악명 높은 친일파 경찰 노덕술에게 체포되어 온갖 수모를 겪었다. 1948년 남북연석회의에 참석한 그는 단독정부 수립에 반대하며 북한에 남았고, 초대 국가검열상, 노동상 등을 역임했다.

결국 1918년 중국으로 함께 유학을 떠난 세 친구 모두 1948년 이승만의 단독정부 수립에 반대했던 셈이다.

32
혁명적 낭만주의자 이쾌대

이여성의 동생 이쾌대(1913~1965) 역시 해방 전후의 격동기 시절 서촌에서 생활했다. 형의 영향을 받아 일찍부터 미술에 관심이 많았던 그는, 1928년 휘문고보에 입학해 본격적으로 그림을 그리기 시작했다.

휘문고보 재학시절인 1932년 조선미술전람회에서 입선을 차지하며 화단에 데뷔했고, 1934년부터 5년간 일본에서 공부했다. 서구적 지성과 방법론이 토대가 되었지만, 그의 화풍은 향토적이고 민족적인 색채가 강했다.

귀국 후 이쾌대는 조선미술전람회(선전鮮展) 등 관변 전시회를 반대한 민족주의 미술가들과 '조선신미술가협회'(1941)를 결성해 활동했다. 연락사무소로 사용되던 그의 집(궁정동 16-3)은 1990년대 초 도로가 만들어지며 이제는 흔적조차 찾을 수 없게 되었다.

1948년 봄 이쾌대는 '성북회화연구소'를 열어 후학을 양성했다. 이는 대한민국 화단에 그가 지속적으로 영향을 미치는 계기가 되었다. 이 시기에 해방정국의 대서사를 인민들의 모습으로 형상화시킨 '군상 시리즈'를 완성하기도 했다.

1948년 6월 미 공군이 독도 인근에서 고기를 잡고 미역을 채취하던 민간인을 폭격해 많은 이들이 사망했다. 그 일에 충격을 받아 그림으로 표현한 것이 바로 「군상Ⅳ」(1948년 추정)이다.

이쾌대의 군상 시리즈는 1949년 제4회 조선미술문화협회에 출품함으로써 세상에 알려졌다. 화가이자 미술평론가 김용준은 그를 '서구적 지성과 동양적 감성을 융화시킨 민족성을 앙의(昻意)하는 창작적 열의를 가진 화가'로 추켜세웠다.

하지만 이처럼 격정 넘치는 그림을 화폭에 담을 수 있었던 시기는 잠깐이었다. 1950년 전쟁이 발발하면서 역사는 그에게 선택을 강요했다. 미처 피난을 떠나지 못한 이쾌대는 서울에 남았고, 인민군 치하에서 3개월을 보냈다.

9월 인천상륙작전으로 서울이 수복되기 일주일 전 그는 북으로 갈 것을 결심했다. 하지만 그것은 희망사항에 불과했다. 북행길에 체포되어 포로수용소에 갇히는 신세가 된 것이다.

포로수용소에서 아내 유갑봉에게 보낸 다음 편지(1950년 11월 11일)가 우리에게 전해지는 그의 마지막 소식이다.

한민 모(母) 보오.

오래간만에 내 소식을 알리게 됩니다.

9월 20일 서울을 떠난 후 오륙일 동안 줄창 걷다가 국군의 포로가 되어 지금 부산 100수용소 제3수용소에 있습니다.

이쾌대의 「두루마기 입은
자화상」. 눈빛이 날카롭고
힘이 넘친다.

미군이 독도 인근에서 민간
인에게 가한 폭격을 형상화
한 「군상IV」

가족 사랑이 절절했던 이쾌대와
아내 유갑봉

나의 생사를 모르는 당신에게 이 글월을 보내게 되니…….

신병을 앓는 당신은 몇 배나 야위지 않았소.

안타깝기 한량없소이다.

한민이, 한식이, 아침저녁으로 뽀뽀하는 우리 귀여운 수생이, 그리
고 꼬마 한우. 생각할수록 보고 싶소그려.

무엇보다 한 푼 없는 당신이 무엇으로 연명하는지. 내 자신이 밉
살스럽기 한량없습니다.

……아껴둔 나의 채색 등은 처분할 수 있는 대로 처분하시오. 그
리고 책, 책상, 헌 캔버스, 그림틀도 돈으로 바꾸어 아이들 주리지 않
게 해주시오.

전운이 사라져서 우리 다시 만나면 그때는 또 그때대로 생활설계
를 새로 꾸며봅시다. 내 맘은 지금 우리집 식구들과 모여 있는 것 같
습니다.

그는 민간인 신분이었음에도 전쟁이 끝나고 전쟁포로로 취급되었다. 정전협정에 따라 남과 북 가운데 어느 하나를 결정해야 했는데, 이 과정에서 이쾌대는 북을 선택했다. 당시로서는 어쩔 수 없는 순간의 이별이라 생각했다. 하지만 결국 영원한 단절 상태가 되고 말았다.

이쾌대에게 붙은 '월북작가' 딱지는 남쪽에 남아 있는 가족에 대한 감시와 통제를 합법화하며 참으로 오랜 세월 옭아맸다. 온갖 일로 힘든 와중에도 아내 유갑봉은 남편의 유품을 고이 간직했다.

이쾌대의 작품이 회자되기 시작한 건 1988년 서울올림픽을 앞두고 일부 월북작가들에게 해금조치가 취해지면서부터다.

붉게 색칠된 채 세상에 나오지 못했던 이쾌대의 그림은 1991년 드디어 모습을 드러냈다. 아내 유갑봉의 눈물겨운 헌신이 있었기에 가능한 일이었다. 하지만 정작 그녀는 1981년 세상을 떠남으로써 남편의 해금 소식을 듣지 못했다.

독도 폭격사건과 독도 영유권

당시 독도는 미국의 폭격 연습지로 지정되어 있었다. 하지만 그것은 단순한 폭격 연습이 아니었다. 어민들의 증언에 따르면, 저공비행하며 육안으로 식별 가능한 거리에서 기총소사까지 이루어졌다고 한다.

독도 폭격사건에 대해 우리가 주의 깊게 들여다봐야 할 부분이 있다. 독도 는 '기본적으로는 한일관계'의 문제지만 '내용적으로는 한미일관계'의 문제 이다. 따라서 한일관계로 한정지어 독도를 바라본다면 일면만 살피는 것이다.

일본이 연합국 점령하에 있던 1947년 9월 16일, 미국은 독도를 폭격 연 습장으로 지정하며 그 사실을 일본 정부에 알렸다. 그리고 연습 전 주민들에 게 통보할 것을 약속했다. 그런데 우리에게는 아무런 언급이 없었고, 폭격 연 습 때도 사전 고지가 없었다. 일본이 연합국의 점령관리를 받던 1951년 7월, 독도는 또다시 폭격 연습장으로 지정되었다. 하지만 이때도 마찬가지였다.

이러한 논리구조로 보면 '독도는 일본 국내시설 및 구역이므로 훈련구역 에서 해제되면 당연히 일본으로 반환한다'는 의미가 숨어 있다. 여기서 우리 는 일본 땅이 아니었던 오키나와를 미군기지로 조차시켜 훗날 자신들의 영토 로 환원시킨 사건을 기억해야 한다. 일본은 독도 역시 같은 방식으로 돌려받 을 계획을 갖고 있었다.

미 국무부의 대일강화조약(샌프란시스코 평화조약) 작성시 1~5차까지의 초안에는 독도가 한국령으로 기술되어 있었다. 그런데 일본의 로비를 받은 미국이 독도 를 일본 영토에 포함시키려 했다. 하지만 뉴질랜드와 영국이 반대하자, 일본 과 한국 어디에도 포함시키지 않은 채 독도를 아예 빼버렸다.

여기서 우리가 잊지 말아야 할 것이 있다. 독도는 일본령이라며 미국이 일 본을 지지했다는 사실이다. 그들은 독도에 대해 한국령이라고 말한 적이 한 번도 없었다.

33

비극적 경계인 앨리스 현

종로구 옥인동 일대는 우리 현대사에서 '애국과 매국', '좌익과 우익'의 주요 인물들이 혼재된 채 머물렀던 역사의 현장이다. 이여성의 집터에서 불과 몇 발자국 아래에 또 다른 비운의 인물이 살았다.

박헌영이 '첫 애인'으로 칭했으며, '조선의 마타하리'로 불리며 평양에서 죽음을 맞이한 '앨리스 현'(1903~1955)이 그 주인공이다. 이제는 흔적도 없이 사라져 지번(종로구 옥인동 92)으로 그녀가 살았던 곳을 가늠할 뿐이다.

앨리스 현의 아버지 현순 목사는 관립 영어학교에서 영어를 배우고 독립협회에서 활동하는 등 전형적인 개화파였다. 이러한 이력 때문에 그는 1903년 사탕수수농장 이민자들을 위한 통역자로 하와이에 갔다.

그때 임신 중인 그의 아내도 동행했는데, 그곳에 도착한 지 두 달 만에 태어난 아이가 앨리스 현이다. 1907년 귀국해 국내에서 교육을 받았으니, 아마도 우리나라 원정출산 1호쯤 되지 않을까. 앨리스 현은

3·1 운동이 일어난 1919년 봄 이화고녀를 1회로 졸업했다.

3·1 운동 직전 상하이로 건너간 현순 목사는 임시정부 수립에 깊이 관여했다. 또한 3·1 운동 관련 내용과 임시정부 수립 소식을 미주에 전달하는 등 독립운동에 앞장서고 있었다.

이화여대에 입학한 앨리스 현도 1920년 상하이로 떠났다. 그리하여 당시 독립운동을 주도하던 사람들과 자연스럽게 접촉할 수 있었다. 그 가운데에는 박헌영, 여운형 등 사회주의자들도 있었다.

동생 데이비드 현은 상하이 시절 박헌영과 여운형이 자신의 누나에게 구애했으며, 박헌영에 대해 "자신의 이상형이자 모든 한국인들의 영웅"이라고 말했다. 따라서 그는 박헌영이 매형이 되기를 마음 깊이 희망했다. 하지만 앨리스 현은 1922년 정준과 결혼했고, 박헌영은 1924년 주세죽과 결혼했다.

박헌영이야 앨리스 현보다 세 살 많은 청년이었으니 이해가 된다. 하지만 여운형은 17세 연상의 중년, 그것도 재혼한 상태의 엄연한 유부남이었다. 그런데도 앨리스 현에게 사랑을 고백하다니, 예나 지금이나 남녀 문제는 참으로 알 수가 없다.

어쨌든 이렇게 시작한 앨리스 현의 결혼생활은 오래가지 못했다. 그녀는 남편과 귀국해 시댁에서 이듬해 딸을 낳았다. 하지만 갓 태어난 아이를 남겨둔 채 앨리스 현 혼자 상하이로 돌아갔다. 3년 뒤 귀국했지만 두 사람은 다시 합치기 어려운 관계가 되어 있었다. 결국 그녀는 이혼한 뒤 하와이행 배에 몸을 실었다. 당시 그녀의 몸에는 새로운 생

1921년 겨울 상하이의 한국유학생모임 화동학생연합회에서 찍은 것으로 추정되는 사진이다.
① 앨리스 현, ② 주세죽, ③ 박헌영, ④ 피터 현

명체가 자라고 있었다.

이후 앨리스 현은 동생 피터 현과 뉴욕으로 건너가 대학을 다녔다. 1935년 하와이로 돌아온 남매는 미국 공산당 하와이지부의 당원으로 활동했다.

시간이 흐른 후 태평양전쟁이 발발했고, 운명의 나침반은 그녀를 제국주의의 군대로 향하게 했다. 마흔을 막 넘긴 1943년 9월 미 육군부 정보부서에 들어간 것이다. 한편 동생 피터 현도 이듬해 입대해 위스콘신주 캠프 맥코이에서 조선인 포로를 감시하는 일을 맡았다. 두 사람 모두 일본어 관련 정보업무를 담당했을 것으로 추정된다. 한글은 물론 영어, 일어, 중국어까지 능통했기 때문이다.

앨리스 현은 1945년 10월 도쿄로 파견되어 맥아더사령부에서 일했

앨리스 현의 아들 웰링턴 정이 의사가 되기 위해 체코로 떠나기 전 촬영한 가족사진. ① 현순 목사, ② 앨리스 현, ③ 웰링턴 정. 돌베개 제공

다. 그리고 두 달 뒤인 12월 한국으로 배속되어 주한 미24군 정보참모부 민간통신검열단(CCIG-K)에서 근무했다. 하지만 상하이에서 알고 지내던 박헌영, 여운형 등과 접촉했으며, '북에서 온 그녀의 친구들'을 CCIG-K에 다수 고용함으로써 정보업무를 파괴했다는 이유로 파면, 1946년 추방당했다.

미국으로 돌아간 앨리스 현은 LA로 옮겨 공산주의 활동을 계속했다. 하지만 미국 내 입지가 좁아지자 1949년 체코에서 체류하며 공산주의 활동가 이사민과 북으로 망명을 신청했다. 이사민은 태평양전쟁 시기 미 전략첩보국(OSS) 소속 공작전문가였다. 망명 동기가 모호했고 부모의 고향이 북한이라는 말이 거짓으로 판명되자 체코 정부는 그들의 저의를 의심했다. 북한 내무성 안전국도 그들의 망명 신청을 거부했다.

하지만 북한 외무상이었던 박헌영은 내무성의 결정을 뒤집고 그들에게 입국사증을 발급했다. 또한 직접 환영행사까지 열어주었다. 그 후 이사민은 조국전선중앙위원회 조사연구부 부부장으로, 앨리스 현은 외무성 조사보도국에서 일하는 등 파격적인 대우를 받았다.

그러나 입국 과정부터 의심의 눈초리를 보내던 내무성 안전국의 검열로 그들은 유럽과의 연결고리가 끊기게 되었다. 이상한 낌새를 눈치챈 두 사람은 유럽 여행을 요청했다. 당연히 내무성은 출국을 불허했다. 하지만 이때도 박헌영이 힘을 써 체코행 비행기를 탈 수 있었다. 안전국에서는 일부러 그들이 탄 비행기가 모스크바를 경유하도록 했다. 모스크바 공항에서 소지품을 조사하자 여러 국가기밀 자료가 나왔고, 그들은 결국 체포되었다.

두 사람의 '북한 망명 이후 체포까지'의 과정에 의문을 제기하는 사람들도 있다. 북에서 박헌영을 숙청하기 위해 앨리스 현과 이사민을 '미제 스파이'로 꾸몄다는 것이다. 박헌영 재판에 그들이 증인으로 등장하지 않았고, 앨리스 현의 생사 또한 명확히 공개되지 않았다는 점이 근거로 제시된다.

그뿐만이 아니다. 1952년 초 주일미군 방첩대(CIC)가 체포한 북한공작원 김규호의 증언에 의하면, 이사민이 1950년 4월 모스크바에서 체포된 것이 아니라 1952년까지 조국전선중앙위원회에서 근무했다고 한다. 결국 그들은 진보적 재미한인으로서 남과 북 어디에도 속하지 못한 경계인으로 비극적 운명을 맞이했다고 할 수 있겠다.[8]

한편, 그녀의 유일한 혈육인 아들 웰링턴 정은 1963년 체코에서 자살했다. 일제강점기부터 해방 전후의 격동기를 거친 앨리스 현 일가의 삶은 그야말로 첩보영화의 한 장면을 보는 듯하다. 비극적으로 스러져

---

8) 정병준, 「현 앨리스 이야기」, 『역사비평』, 2012년 여름호.

간 그녀의 삶은 결국 나라를 잃었기 때문에 벌어진 일이다.

그녀가 정말로 '미제 스파이'였는지는 알 길이 없다. 그것은 전문연구자들의 몫이며, 훗날 통일이 되어 그들에 대한 서류가 공개될 때 명확히 밝혀질 것이다.

매국 3관왕 이완용의 집

34

북촌에 이어 서촌이 서울시내 관광지로 주목받으며 관련 책자가 쏟아지고 있다. 하지만 가장 중요하다고 생각되는 부분이 대부분 빠져 있다. 을사오적, 정미칠적, 경술국적의 3관왕으로 악명 높은 이완용의 집이 바로 그곳이다.

건축대장에는 최근 새로 지은 것으로 되어 있지만, 신기하게도 일제 강점기의 모습과 상당히 유사하다. 석조 건물이고 현관 지붕이 돌출된 포치로 설계된 점, 우진각 지붕 등이 그러하다.

이완용은 언제부터 이곳에 거주했을까. 그의 집은 본래 서울역 인근의 약현(현 중림동)에 있었다. 그런데 1907년 헤이그 밀사를 빌미로 고종을 강제 퇴위시킨 뒤 '정미7조약' 체결에 앞장선 그에 대해 민중의 분노가 극에 달했다. 결국 그의 집이 방화를 당했고, 조상의 신주까지 불태워졌다.

신변에 위협을 느낀 이완용은 일본인 거주지인 왜성대구락부와 장

▌ 1913년 지어 1926년 사망할 때까지 거주했던 이완용의 집

교동, 저동, 인사동을 전전했다. 현 중구 저동에 살 때인 1909년, 인근 종현성당(현 명동성당)에서 개최된 벨기에 총영사의 행사에 참석했다가 이재명 의사에게 목숨을 잃을 뻔하기도 했다.

불안한 상태로 6년여를 보낸 이완용은 한일합방이 이루어지자 1913년 12월 옥인동에 새 집을 짓고 이사했다. 이완용의 전기『일당기사(一堂記事)』(1927)에 따르면, '조선조와 서양조를 혼용하고, 내사(안채)는 조선 구식에 약간 개량을 더하고 외사(바깥채)는 순 양식으로 한 2층짜리 건물'로 적혀 있다. 옥인동 2번지(646평), 19번지(2,817평), 18번지(280평)

이완용의 옥인동 가옥 신축 기사(『매일신보』, 1913년 12월 6일)

이완용의 장례식 기사에 등장하는 그의 집 모습(『매일신보』, 1926년 2월 13일)

등 3필지에 해당하며, 총 3,700평 규모이다.

당시 식민지로 전락한 조선에서 이완용은 총독부로부터 백작 작위와 은사금 15만 원을 받고 일선에서 물러나 여유롭게 생활했다. 그는 세상의 힘이 어디로 향하는지, 그런 상황에서 어떻게 처신해야 자신에게 이익인지 명민하게 판단하고 반응했다. 죽기 전 아들에게 "내가 보니까 앞으로 미국이 득세할 것 같으니 너는 친미파가 되거라"라고 말할 정도였다. 그에게는 진정한 의미의 조국이 존재하지 않았다.

한편, 그는 미망인이었던 큰며느리와 사통한다는 소문에 시달리기도 했다. 죽기 직전에는 같이 살던 조카 이영구가 그의 암살을 기도했다는 소문까지 돌았다.

어쨌든 죽음만은 피할 수 없는 것이 인간이다. 1926년 2월 그는 사망했고, 바로 그 집에서 장례식을 치렀다.

『동아일보』는 「무슨 낯으로 이 길을 떠나가나」라는 제목의 1면 사설에서 "그도 갔다. 팔지 못할 것을 팔아서 누리지 못할 것을 누린 자, 이제는 천벌을 받아야지"라고 썼다. 결국 해당 기사는 총독부의 검열에 걸려 삭제되었다.

둘째아들 항구와 장손 병길에게 그 집이 상속되었다. 해방 후 미 군정은 그곳을 적산으로 징발해 군속들에게 나눠주었다. 세월이 흐르면서 여러 필지로 분할되었는데, 현재 옥인교회, 아름다운재단, 길담서원, 국민은행 청운동지점 등이 들어서 있다.

역사문화유산에는 여러 가지가 존재하며, 그것이 전하는 의미도 다양하다. 자랑스러운 것뿐만 아니라 치욕의 역사도 문화유산으로 보존되어야 한다. 그리하여 다시는 같은 일이 반복되지 않도록 교육해야 한다. 독일의 아우슈비츠 수용소, 일본의 히로시마 원폭 돔 등을 언급하지 않더라도 대부분 공감할 것이다.

이런 관점에서 나는 이완용의 집터에 '친일파박물관'을 설립해야 한다고 생각한다. 매국 행위는 언젠가 반드시 드러나며, 영원히 역사에 기록된다는 사실을 명명백백하게 보여주어야 할 것이다.

조선의 마타하리 김수임

35

이완용의 집은 해방 후 적산으로 몰수되었고, 미군 군속들에게 필지가 분할되어 불하되었다. 당시 이화여전 영문과를 나와 미 군정 통역관으로 일하던 김수임(1911~1950)이 가장 중심인 옥인동 19번지의 바깥채로 이사했다. 군정청 헌병대 사령관 존 E. 베어드 대령이 자신의 동거녀를 위해 마련해준 집이었다.

김수임은 이화여전 단짝친구인 모윤숙이 조직한 미군장교 상대의 사교모임 '낙랑구락부'의 주요 멤버로, 성격이 활달해 일명 '종달새' 라는 별명을 가졌다.

개성 출신으로, 홀어머니 밑에서 태어난 그녀는 11세 때 민며느리로 팔려갈 정도로 집안이 가난했다. 4년 뒤 김수임은 야반도주했고, 미국인 선교사의 도움으로 학교에 다녔다. 1932년 이화여전을 졸업한 그녀는 세브란스병원에서 비서 겸 통역으로 일했다.

모윤숙에 의하면, '마태복음을 줄줄 외는 기독교 신자' '아주 명랑하고 어떤 장소에서든 웃음을 한 바가지씩 들고 나오는 여자'였다. 그녀의 운명은 미 군정 헌병대 사령관의 동거녀가 되고 낙랑구락부에 관여하면서 완전히 바뀌었다.

1950년 4월 21일 김창룡에게 체포된 김수임은 오제도 검사에 의해 간첩혐의로 기소되었다. 김삼룡, 이주하가 체포된 직후였는데, 김수임이 체포되고 북로당에서 파견된 성시백도 체포되었다. 그녀에게 적용된 혐의는 베어드 대령에게 얻은 정보를 남로당에 넘겨주고, 1942년 알게 된 사회주의자 이강국을 베어드 대령의 지프로 월북시켰다는 등의 총 13가지였다.

이강국은 북에서 초대 외무상을 지냈을 정도로 거물이었다. 체포된 그는 민간인임에도 군사법정에 넘겨졌고, 3일 연속 재판이 열렸다. 그리고 마지막 날인 6월 16일 사형선고가 떨어졌다. 불과 두 달 만에 운명이 결정된 것이다.

김수임, 〈To My Sweet-heart 'Feb. 24,' 39〉라는 글씨로 봐서 1939년 누군가에게 건넨 사진으로 추측된다.

이런 급박한 상황에서 김창룡을 도운 이는 김수임의 단짝 모윤숙이었다. 천하의 특무대장 김창룡, 최고의 공안검사 오제도도 미군 헌병대 사령관의 집에 함부로 들어갈 수는 없었다.

모윤숙의 자서전을 보면, "언니, 오늘 언니 생일인데 미역국이나 같이 먹어요"라고 말하며 김수임이 찾아왔다고 한다. 하지만 여러 모로 그 반대일 가능성이 높다. 어쨌든 모윤숙, 노천명은 3일 연속 재

▌ 김수임의 삶을 토대로 만들어진 영화 및 연극 포스터

판을 방청했다. 결국 김수임은 사형선고를 받았고, 그들의 인연은 그렇게 끝이 났다. 선고 9일 뒤 전쟁이 발발했는데, 그로부터 3일 뒤 사형이 급하게 집행되었다.

시간이 흘러 민간인을 군사법정에 세운 점, 김수임이 들것에 실려와 재판을 받을 정도의 강압수사 흔적, 그녀에게 적용된 국방경비법 자체의 근거가 불확실한 점 등이 문제로 제기되었다. 하지만 전쟁이란 폭풍우 속에 이미 당사자는 세상을 떠났고, 전후 복구 등으로 관심 또한 희미해졌다. 남북의 이념 대립은 더욱 확고해졌고, 그녀와 관련된 내용이 「나는 속았다」(이강천, 1964), 「김수임의 일생」(이원세, 1974) 등 영화로 제작되어 반공이데올로기 선전에 이용되었다.

냉전체제가 붕괴되면서 김수임 사건은 우리 기억에서 점차 사라져 갔다. 하지만 진실은 가려질 뿐, 결코 지워지지 않는 법이다. 김수임과 베어드 대령 사이에서 태어난 김원일이 2008년 생모의 뿌리를 찾는 과정에서 그 문제가 다시 수면 위로 올라왔다.

1949년 11월 출생한 김원일은 사건 당시 옥인동 집에 버려지다시 피 했다. 다행히도 그가 태어난 청량리위생병원 수간호사였던 안귀분에게 입양되었고, 1970년 미국으로 건너갔다. 그런데 세브란스병원에서 김수임과 함께 근무했던 사람을 우연히 만남으로써 아버지 베어드의 존재를 알게 되었다.

그는 1980년 아버지를 찾아갔다. 하지만 당시 90세의 베어드는 "나는 사생아 자식이 없다. 넌 내 자식이 아니다"라며 부인했다고 한다. 베어드는 1950년 조사에서도 사생아의 존재를 부정했으며, 김수임재판 9일 전에 출국해버렸다.

생모에 대한 김원일의 관심은 관련 자료를 탐색하게 만들었다. 그가 찾아낸 미 육군성 기밀문서 '베어드 파일'에 의하면, 베어드 대령은 민감한 정보에 대한 접근권이 없어 동거녀 김수임이 북에 넘겨줄 비밀자료 또한 존재하지 않으며, 이강국의 월북에 미군 지프를 이용했다는 내용도 '입증할 수 없는 사실'이라고 한다. 뿐만 아니라 미 육군 정보국 1956년 비밀자료에 의하면, 이강국이 CIA 비밀조직인 JACK(한국공동활동위원단)에 고용되었었다고 한다.(AP통신 2008년 보도) 실제로 이강국은 휴전 무렵 북에서 이승엽, 임화 등과 함께 스파이 혐의로 사형되었다. 놀라운 반전이 아닐 수 없다.

김수임의 아들 김원일은 "어머니는 역사라는 장기판의 졸이었다. 역사에 익사한 사람이다"라며, 누구도 믿어주지 않았던 상황에서 외로이 처형당한 어머니를 위로했다.

'낙랑구락부'에 대해 좀 더 알아보자.

주로 이화여전 출신 100~150명으로 구성되었는데, 이승만 대통령의 후원을 받아 김활란이 총재, 모윤숙이 회장으로 활동했다. 최종교

해방정국의 남한 단독선거에서 중요한 역할을 한 낙랑구락부 회장 모윤숙(왼쪽)과 당시 유엔조선임시위원단 단장이었던 메논(오른쪽)

에 의하면, 낙랑구락부는 '영어를 잘하는 교양 있는 여성들이 주한 외국인을 상대로 고급 외교를 하도록 조직된 비밀 사교단체'였다.[9] 뉴라이트 저자의 관점에서는 남들에게 '매춘'으로 보일 법한 행위에도 문학적·문화적 의미가 부여되는 듯하다.

하지만 김수임의 후배 전숙희가 쓴 『사랑이 그녀를 쏘았다』에 의하면, 낙랑구락부는 '기지촌과는 비교할 수 없는 사교클럽'이었다. 이는 그곳을 드나드는 사람들의 신분이 너무나 특별했다는 의미이다. 그 책에서 모윤숙과 김수임은 고급 매춘부로 그려진다.

하필이면 클럽 이름도 '낙랑'이다. 이는 이민족의 침략과 지배를 상징하는 이름 아니던가. 이웃나라 호동왕자와 사랑에 빠져 침략의 길을 열어주느라 목숨을 바친 '낙랑공주'가 자연스럽게 연상된다. 결국

---

9) 최종교, 『이승만과 메논 그리고 모윤숙』, 기파랑, 2012.

낙랑구락부는 당시 유산계급을 배경으로 한민당-이승만 세력이 펼친 로비활동의 일환이었다.

낙랑구락부가 처음 발족했을 때는 회현동 모윤숙의 집에서 모이곤 했다. 하지만 미 군정청과 관계를 유지하던 우익 정치인의 주선으로 일본인 호화저택을 적산가옥으로 불하받았다. 그곳에서 리더 모윤숙이 이화여전 후배들을 사로잡았고, 김수임은 '종달새' 같은 쾌활함으로 분위기를 이끌었다고 한다.

특히 모윤숙은 "태곳적부터 통일된 하나의 국가였던 조선을 둘로 가르는 단독선거는 있을 수 없다"고 공언한 유엔조선임시위원단 단장 메논의 사고를 바꾼 장본인이다.

모윤숙은 "만일 나와 메논 단장의 우정관계가 없었다면 단독선거는 없었을 것이며, 따라서 이승만 박사가 대한민국 대통령 자리에 계셨다는 것도 생각할 수 없는 사실일 것"(『신동아』, 1983년 2월호)이라고 했다.

메논 역시 "외교관으로 있던 오랜 기간 동안 나의 이성(reason)이 심정(heart)에 의해 흔들린 것은 내가 유엔조선임시위원단 단장으로 있던 그때가 처음이자 마지막이었는데, 나의 심정을 흔들었던 여성은 한국의 유명한 여류시인 매리언 모(모윤숙)였다"(『메논 자서전』, 1974)고 고백했다.

이처럼 모윤숙과 메논의 치정관계는 한 민족과 국가의 운명에 결정적으로 작용했고, 한반도는 결국 분단의 법적 장치를 갖게 되었다.

36

부국상사로 위장했던 옥인동 대공분실

이완용 가옥에서 몇십 미터 떨어진 곳에 '옥인동 보안수사대'가 있다. 정식명칭은 '보안분실'로, 이적행위나 국가 안보에 위해가 되는 행위(국가보안법 위반, 간첩행위 등)를 한 사람을 체포해 조사하는 곳으로 알려져 있다. 방첩 목적으로 대한민국 경찰청 보안수사대가 설치한 기관인데, '대공분실'에서 이름을 바꾼 것이다. 건물에는 여전히 어떠한 간판도 보이지 않는다.

1985년 민추위 사건으로 체포된 김근태 전 민청련 의장이 22일간 남영동 대공분실에서 고문을 받았다. 굳건한 신념으로 '짐승의 시간'을 버틴 그의 고문기록을 통해 대공분실의 존재가 세상에 알려졌다. 1987년 대학생 박종철을 숨지게 한 곳 역시 그곳이었다. 이러한 사건은 「남영동 1985」(2012), 「1987」(2018) 등의 영화로 제작되어 세상에 충격을 던지기도 했다. 이제 우리는 대공분실이란 단어만 듣고도 곧바로 '고문'을 떠올리곤 한다.

▌이완용 가옥 바로 옆에 위치한 옥인동 대공분실

그런 대공분실이 옥인동에도 있다. 그것도 조선 최고의 매국노 이완
용과 윤덕영의 가옥 바로 옆이다. 지번상 이완용 가옥 부지와 바로 인
접해 있다.(옥인동 45-21)

1979년 만들어진 옥인동 대공분실은 37년간 존재해왔으며 그동안
마을의 터줏대감 행세를 해왔다. 물결이 구슬같이 곱다 하여 이름 붙여
진 옥류동천과 인왕산에서 한 글자씩 따온 '옥인동'에서 지난 100년간
'매국'과 '고문'이 자행되었다고 생각하니 씁쓸한 마음이 든다.

게다가 이러한 행태는 지금도 현재진행형이다. 2017년 5월 서울시
경은 옥인동 공안분실 부지에 지하2층, 지상4층의 보안수사대 통합청
사 건설을 통과시켰다.

소속	수사대	옛 별칭	소재지
경찰청	보안수사1, 2, 3대	—	서대문구 홍제동 283–25
서울지방경찰청	보안수사1대	부국상사	종로구 옥인동 45–21
서울지방경찰청	보안수사2대	경동산업	동대문구 장안3동 439–1
서울지방경찰청	보안수사3대	치안연구소	양천구 신정동 733–32
서울지방경찰청	보안수사4대	—	서대문구 대신동 16–6

　2012년 백재현 의원의 자료에 따르면, 대공분실은 전국적으로 총 25곳이 있다고 한다. 그 가운데 서울에는 경찰청 인권센터로 탈바꿈한 남영동 대공분실을 제외하고 5곳이 있다. 이중 홍제동에 위치한 것이 경찰청 본청 소속이며, 종로구 옥인동을 비롯해 동대문구 장안동, 서대문구 대신동, 양천구 신정동 등 4곳의 대공분실이 보안분실로 이름을 바꿔 유지 중이다.

　명패도 간판도 없는 그곳에 끌려가 외부와 단절된 채 조사를 받는다면 그 자체로 엄청난 심리적 압박을 느낄 수밖에 없을 것이다. 보안분실이 이처럼 은밀하게 존재하는 한 '밀실수사', '인권침해'의 악몽이 재연될 가능성은 상시적으로 존재한다고 할 수 있겠다.

---

10) 2012년 국정감사 당시 행정안전위원회 백재현 의원의 보도자료를 일부 수정보완했다.

37

박정희를 저격한 김재규의 집

　여러 필지로 나뉜 이완용 소유의 토지 가운데 1979년 12월 26일 궁정동 안가에서 박정희를 암살한 중앙정보부장 김재규(1926~1980)의 집(옥인동 13-1)이 있다. 2010년 재단법인 '아름다운재단'은 그곳을 매입해 리모델링한 후 가회동 생활을 접고 2011년 이주했다.

　그 일에 대해 일부에서 많은 말이 오가기도 했다. "왜 하필이면 김재규의 집이냐"는 것이다. 그곳에서 박정희를 암살한 궁정동 안가까지 불과 3~400미터 거리이다.

　고향 후배이자 육사 동기였던 김재규가 박정희를 저격함으로써 폭압적이던 유신정권은 막을 내렸다. 그러나 당시 집권세력은 물론이고 박정희를 반대하던 이들에게조차 긍정적으로 평가받지 못했다. 10·26 직후 양 김씨(김영삼·김대중)는 자신들의 노력으로 민주화가 이루어졌다는 공치사를 내세우느라 김재규의 거사를 폄하했다. 또한 선거 때 표를 잃을까 봐 그 어떤 정치인도 김재규의 명예 회복에 발벗고

▌현재 '아름다운재단'이 리모델링해 사용 중인 전 중앙정보부장 김재규의 집

나서지 않았다.

2004년 민주화운동관련자명예회복및보상심의위원회에서 김재규에 대한 명예회복 신청사건을 심의했지만, 결정이 보류되었다. 김재규는 지금도 여전히 '내란목적살인 및 내란미수죄'를 지은 사형수에 불과하다.

10·26에 대한 대중사회의 평가는, 민주화를 위해서가 아니라 당시 대통령 비서실장 차지철과의 권력싸움으로 벌어진 우발적인 사건이라는 견해가 주류를 이룬다. 여전히 긍정적으로 평가받지 못하고 있으며, 극히 일부에서만 '의사'로 추앙받는 처지이다. 일부 진보세력은 김재규 배후에 미국이 있었다고 주장하기도 한다. 하지만 명확한 증거를

제시하지는 못하는 실정이다.

어쨌든 김재규로 인해 18년 동안 계속되던 박정희의 폭압정치는 막을 내렸다. 그가 박정희를 암살하지 않았어도 결국 민중이 정권을 전복시켰을 것이라는 주장은 그저 가정에 지나지 않는다. 그리고 역사는 가정을 허용하지 않는다.

2017년 3월 10일, 박정희의 대를 이어 대통령이 된 박근혜가 헌법재판소로부터 탄핵을 선고받았다. 그러자 경기도 광주시 오포읍 엘리시움 공원묘역에 있는 김재규의 무덤에 탄핵을 알리는 여러 신문과 더불어, 궁정동 안가에서 그와 박정희가 마지막으로 마셨던 양주 '시바스리갈'이 놓여졌다. 김재규의 부인과 딸은 모두 미국에 거주하는데, 누가 갖다놓은 것일까.

역사학자 E. H. 카는 "사실은 스스로 말하는 게 아니라 역사가가 말을 걸 때만 말한다. …… 역사는 과거와 현재의 끊임없는 대화다"라고 했다. 지금이야말로 김재규의 10·26에 대해 역사가들이 말을 걸어야 할 때 아닐까.

5장

우리가 몰랐던
서촌

효자동 ●
궁정동 ●
신교동 ●
청운동 일대 ●

부암동

삼청동

청계천 발원지

창의문

최규식 동상

청운동

백세청풍
각자바위

김상용 집터

1.21사태
교전 터

정철 집터

육상궁(칠궁)

세심대

선희궁

궁정동

신교동

박정희 피살 터

옥인동

우당기념관

신교 터

궁정동
안가 터

효자동

신익희 집

이광수 집

세종로

누상동

창성동

통인동

경복궁

누하동

체부동

통의동

필운동

사직동

내자동

적선동

행촌동

조선 3대 천재에서 변절자가 된 이광수의 집

물길이 존재했을 때 김재규 가옥에서 백운동천을 건너려면, '자교'(자수궁교의 약칭)를 지나야 했다. 물길을 건너 100미터쯤 가면 '연정'(종로구 효자동 175-1)이란 한정식집이 나온다. 바로 춘원 이광수(1892~1950)가 일제강점기부터 해방 전후로 거주하던 곳이다.

이곳에서 해방을 맞이한 그는 1949년 2월 7일 반민특위에 체포되었다. 전쟁 발발 직후인 1950년 7월 12일, 이광수의 후배이자 북의 혁명시인 이찬이 그를 북한으로 데려가기 위해 찾아간 곳이기도 하다.

춘원 이광수는 당시 홍명희, 최남선과 더불어 '조선의 3대 천재'로 일컬어졌다. 그런 그가 해방정국의 소용돌이 속에서 이곳에 머물며 어떤 생각을 했을까.

이광수는 일본 유학생 시절 2·8독립선언문을 기초하고 상하이로 건너가 임시정부에 참여하는 등 민족주의적 성향을 유지했다. 하지만 3·1 운동이 일제의 폭압으로 좌절되자 제국주의 권력 앞에서 무너지

▎춘원 이광수가 해방 전후 살았던 효자동 가옥. 현재는 한정식집으로 이용되고 있다.

고 말았다. 상하이로 찾아온 허영숙과 도피여행을 떠났고, 안창호의
만류에도 1921년 귀국해 그녀와 결혼했다.

　당시 이광수는 여러 글에서 귀국하면 징역을 살 것처럼 이야기했다.
하지만 실제로는 간단한 조사를 받았을 뿐이다. 5월에 허영숙과 결혼
식을 올리고, 9월에 사이토 총독과 면담하는 등 화려하고 세속적인 출
세가도로 인생의 방향을 바꾼 그는, 일제의 주장과 궤를 같이하는 「민
족개조론」을 발표해 조선 청년들을 분노하게 만들었다.

　소설가 박종화는 그 모든 것이 총독부 밀정으로 파견된 허영숙 때문
이라고 주장했다. 하지만 허영숙의 정체와 상관없이 이광수의 변절은

이미 그의 삶에 내포되어 있었다.

1905년 을사늑약 직후의 일본 유학시절에도 그런 경향을 드러냈다. 일본 군국주의의 사상적 토대를 제공했으며 조선 침략의 선동가로 알려진 후쿠자와 유키치에 대해, '하늘이 일본을 축복해 내린 위인'이라고 평하며, 그 스스로 '조선의 후쿠자와'를 꿈꾸었다. 이미 그에게 일본은 동경의 대상이며 조선의 희망이었다. 그러했기에 "조선놈의 이마빡을 바늘로 찔러서 일본 피가 나올 만큼 조선인은 일본정신을 가져야 한다"고 말할 수 있었을 것이다. 그는 더 이상 조선의 이광수가 아닌, 천황의 신민 가야마 미쓰로(香山光郎)였다.

그러한 이광수에게 조선의 해방은 어떤 의미였을까. 그는 거세게 몰아친 친일 청산의 폭풍우를 피해 작품활동을 전면 중단하고 봉선사에서 약 1년간 은둔했다. 전처를 버리고 온갖 비난과 의심 속에서 재혼한 허영숙과도 1946년 5월 이혼했다.

이에 대해 『서울신문』은 "장차 이광수가 전범으로 걸려들 때를 염려해 자식과 재산을 보호하기 위해 취한 잇속 빠른 길이 아닌가"(1946년

『개벽』에 실린 이광수의 「민족개조론」(1922년 5월호). 조선인은 민족성으로 보아 독립할 능력이 없으므로 민족성 개조가 필요하다는 내용을 담고 있다.

6월 13일) 하며 의심의 눈초리를 보냈다.

그는 미 군정하의 정세를 발 빠르게 파악했다. 좌우 대립의 혼돈이 계속되던 1947년 도산안창호기념사업회를 통해 『도산 안창호』를 집필했으며, 백범 김구를 찾아가 그가 기록한 항일일기를 편집하게 해 달라고 요청한다. 그런 행동이 자신의 방패막이 되어줄 수 있다고 판단한 듯하다.

그에 대해 심산 김창숙은 크게 분노했다. 친일파의 손으로 중요한 광복사료들을 더럽혔다는 것이다. 어쨌든 백범이 한자로 쓴 항일투쟁 일기는 이광수의 손을 거쳐 한글로 옮겨졌고, 원문의 대대적인 첨삭과 '나의 소원'이란 명문을 추가해 『백범일지』로 재탄생되었다.

1년 뒤 그는 상황을 정면 돌파해야겠다고 결심했다. 미 군정의 후원 속에 친일파들을 온존시키는 정책을 펼친 이승만정권에서의 반민특위가 우스웠던 걸까. 자신의 친일행위를 정당화하고 청산 자체를 거부하는 논리로 쓰여진 『나의 고백』(1948년 12월)을 출간했다. 이 책은 친일 청산을 반대하는 사람들의 주요 논리로 지금도 등장하곤 한다. 1949년 2월 7일 반민특위가 문학예술인 제1호로 체포했던 그는 한 달도 안 돼 석방되었다.

1906년 일본의 다이세이 중학(大成中學)에서 함께 수학한 것을 계기로 사이가 가까웠던 벽초 홍명희와 이광수의 삶은 참으로 대조적이다. 유학시절에는 두 사람 모두 조선의 근대화를 꿈꾸었다. 하지만 세월이 흐르며 이광수는 친일로, 홍명희는 항일로 완전히 다른 길을 걸었다.

이와 관련된 유명한 일화가 있다. 이광수, 최남선, 최린 등이 창씨개명을 하자 한용운을 찾아간 홍명희가 "여보게, 만해. 이런 개 같은 놈들을 봤는가" 하고 울분을 토로했다. 그러자 한용운은 "이보게, 벽초.

친일 행위를 옹호하기 위해 출간한 『나의 고백』(왼쪽)과 반민특위에 체포된 이광수의 모습

그놈들은 개 같은 놈들이 아닐세"라고 대꾸했다. 무슨 소리냐고 되묻는 홍명희에게 "개는 절대로 주인을 배신하지 않으니 저놈들은 개만도 못한 놈들이 아닌가. 개가 자네 말을 들었으면 무척이나 섭섭해했을 걸세"라고 한용운이 말했다. 홍명희는 그 말에 고개를 끄덕였다고 한다.

홍명희는 1948년 단독정부 수립에 반대하며 남북연석회의에 참가하기 위해 북으로 갔다. 출발 전 문중인사를 올릴 때 "이승만이 김일성 반절만 되어도 안 가겠습니다"라고 했던 그의 말은 매우 유명하다. 결국 홍명희는 이승만을 반대해 북으로 갔고, 그의 친구 이광수는 이승만의 보호 아래 살아남았다.

해방 후 효자동에서 거주하며 그가 보여준 모습은 우리 현대사의 축소판 같은 느낌마저 든다. 더불어 이광수의 집은 해방-친일 청산-좌우 대립-단독정권-전쟁-분단의 역사를 떠올리게 하는 참으로 슬픈 곳이다.

39

무실역행의 리더십을 보여준 정치인 신익희 가옥

신익희(1892~1956) 가옥은 이광수의 집과 마주보고 있다. 그러나 그곳에 가려면 약간 우회해야 한다. 돌아가는 길목 네거리에는 이 일 대가 '효자동'이란 이름을 사용하게 된 유래를 알려주는 '쌍홍문 터' 표석이 있다. 쌍홍문은 임천 조씨 조원의 아들 희정과 희철 형제가 임 진왜란 당시 자신들을 희생함으로써 모친을 구한 효행을 기리기 위해 조선 선조 때 내려진 두 개의 홍문을 말한다.

당시 형제는 어머니와 조카들을 데리고 강화도로 피신했다. 그곳까 지 밀고 들어온 왜적이 어머니를 능멸하려 하자 형 희정은 맨손으로 저지하다 목숨을 잃었다. 그들을 물리친 동생 희철은 산속으로 피신해 초근목피로 어머니를 봉양했다. 하지만 왜적과 싸우다 생긴 상처가 악 화되고 굶주림이 지속되어 결국 숨을 거두었다.

이에 사람들은 형제의 효행을 칭송하며 조정에 효자문을 세워달라 고 요청했다. 그리하여 조원의 본가(효자동 100) 앞에 쌍홍문이 세워진

종로구 효자동의 유래를 설명하는 '쌍홍문 터' 표석. 사진 속 표석의 오른쪽이 춘원 이광수 가옥이며, 왼쪽으로 돌아가면 해공 신익희 가옥이 나온다.

것이다. 이것이 현 종로구 효자동의 유래이다.

쌍홍문 터를 돌아가면 이내 '해공 신익희 가옥'이란 안내판이 보인다. 신익희는 1954년 8월부터 1956년 5월 세상을 떠날 때까지 그곳에서 살았다. 대지 47평에 30평짜리 건물로, 팔작지붕에 겹처마를 지닌 평범한 도시형 한옥구조이다. 국회의장을 지냈고 숨을 거두는 순간 대통령후보였던 이가 살았던 곳이지만, 평범한 외관의 가옥이라 왠지 친근하게 느껴진다.

신익희는 갑오개혁이 일어난 1894년에 태어났다. 일본에서 유학했고, 3·1 운동에 연루돼 체포령이 떨어지자 상하이로 망명했다. 그곳에서도 임시정부에 참여하는 등 줄곧 항일운동에 몸을 담았다. 해방 후 조국으로 돌아온 그는 6·25가 발발하던 순간 국회의장의 지위에 있었다.

▌해공 신익희가 마지막으로 머물렀던 종로구 효자동 가옥

　전쟁이 일어나고 인민군이 빠르게 남진하자 이승만정권은 크게 당
황했다. 6월 27일 새벽 4시 국회가 소집되었고, 210명의 의원 가운데
100여 명이 모였다. 하지만 신성모 국방장관과 채병덕 참모총장조차
당시의 전황을 제대로 설명하지 못했다. 이런 속에서 그들은 "국회의
원 전원이 100만 애국시민과 더불어 수도를 사수"하기로 결의했다.
　이 결의문을 전달하기 위해 의장 신익희와 부의장 조봉암 등이 대
통령 관저인 경무대로 갔다. 하지만 이승만 대통령은 새벽 3시 특별
열차를 타고 이미 서울을 탈출한 뒤였다. 결국 이른 새벽 국회에서 서

울 사수를 비장하게 결의한 의원들은 그대로 흩어질 수밖에 없었다.

이튿날인 6월 28일 새벽 2시 15분, 한강 인도교와 3개의 철도교량이 모두 폭파되었다. 당시 서울 인구는 150만 명을 약간 상회했으며, 그중 10퍼센트에 해당하는 15만 명이 한강 이남, 즉 영등포에 거주했다. 한강 이북의 140만 명 중 강을 건넌 사람은 약 40만 명인데, 이중 80퍼센트는 월남자이고 나머지 20퍼센트는 고급공무원, 자본가, 우익 정치인, 군인, 경찰관 가족이었다. 인천상륙작전으로 서울이 수복된 후, 한강을 건너지 못한 서울 시민들은 인민군 부역자로 처벌받거나 혹독한 사상검증을 거쳐야 했다.

그로부터 불과 6년 뒤인 1956년 대선에서 신익희는 이승만과 정면으로 대결하게 된다. 그런데 중세의 코미디 같은 상황이 연출되었다. 1956년 3월 5일 자유당 대선후보 지명대회에서 후보로 결정된 이승만이 돌연 불출마 선언을 한 것이다. "박력 있는 사람이 대통령이 되어 국토통일을 이룩해주기 바란다"는 것이 그 이유였다.

그러자 자유당은 이승만에게 불출마 선언을 번복해 달라며 대대적인 관제시위를 연출한다. 경무대 주변, 즉 지금의 청와대 사랑채 앞 분수대 주변으로 연일 시위대가 몰려들었다. 그곳에서 호소문이나 결의문을 썼는데, 심지어 혈서가 등장하기도 했다. 급기야 3월 23일 "민심에 양보하여 불출마를 번복하고 대통령선거에 출마하기로 결심한다"는 담화문이 발표되었다. 그야말로 정치쇼이자 엄연한 사전 선거운동이 아닐 수 없다.

이때 신익희 후보측에서 내건 "못살겠다 갈아보자"라는 구호는 많은 유권자들의 공감을 샀다. 이에 자유당은 "갈아봤자 별수 없다. 구관이 명관이다"라며 물타기했지만, 그 기세를 꺾지 못했다. 이런 와중에

1956년 5월 3일 한강 백사장에서 행해진 민주당 신익희 후보의 선거 유세 ⓒ 서울스토리

5월 3일 이촌동 한강 백사장에서 개최된 신익희 후보의 선거 유세는 우리 정치사에서 엄청난 기록을 남겼다.

당시 서울시에 승용차는 1,730대, 버스는 637대였으며, 노면전차 180대가 주요 교통수단이었다. 그런데 오후 1시가 넘자 용산 삼각지 이남으로 가는 전차와 버스는 사실상 운행이 중단되고 말았다. 수많은 인파로 서울의 대중교통이 마비된 것이다. 당시 서울의 유권자는 70만 3천 명이었는데, 이날 유세 현장에 몰려든 인파가 약 30만에 이르렀다. 이러한 기록은 앞으로도 깨지기 어려울 것이다.

그로부터 이틀 뒤인 5월 5일 새벽, 지방 유세차 호남선 열차를 타고 전라북도 이리(현 익산)로 향하던 신익희 후보가 의식을 잃고 쓰러졌다. 45분 뒤 이리역에 도착해 병원으로 옮겼지만 이미 숨을 거둔 뒤였다.

그 소식은 삽시간에 전국으로 퍼져나갔다. 신문 호외가 낙엽처럼 뿌려졌고, 지지자들은 통곡했다. 대중가요 〈비 나리는 호남선〉이 순식간에 전 국민을 울리는 유행가가 되고 말았다.

> 목이 메인 이별가를 불러야 옳으냐
> 돌아서서 이 눈물을 흘려야 옳으냐
> 사랑이란 이런가요 비 나리는 호남선에
> 헤어지던 그 인사가 야속도 하더란다
>
> 다시 못 올 그 날짜를 믿어야 옳으냐
> 속을 줄을 알면서도 속아야 옳으냐
> 죄도 많은 청춘인가 비 나리는 호남선에
> 떠나가는 열차마다 원수와 같더란다.

당황한 이승만정권은 작곡가 박춘석과 작사자 손로원을 잡아다 조사했다. 신익희 후보의 죽음을 애도하는 뜻으로 만든 것 아니냐는 취지였다. 하지만 신익희가 사망하기 3개월 전에 만들어졌다는 사실이 밝혀지며 소동이 일단락되었다.[11]

승리가 기정사실처럼 당연시되던 신익희 후보는 선거를 불과 열흘 앞두고 그처럼 갑작스럽게 죽음을 맞이했다. 그로부터 4년 후인 1960년 2월 15일, 조병옥 후보 역시 선거를 29일 앞두고 미국 육군의료센터에서 사망했다. 두 사람 모두 사망시기가 절묘한 탓에 암살설이 꾸준히 거론되고 있다.

---

11) 1986년 발표된 김수희의 노래 〈남행열차〉는 〈비 나리는 호남선〉에서 영감을 얻어 창작되었다고 한다.

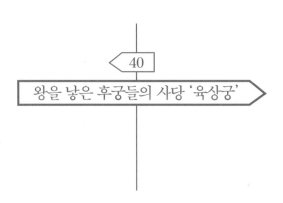

40

왕을 낳은 후궁들의 사당 '육상궁'

신익희 가옥 북쪽으로 '무궁화동산'이 이어지는데, 이 일대는 종로구 궁정동으로 분류된다. 육상궁의 '궁'(宮) 자와 주변의 자연부락인 온정동, 박정동 등의 '정'(井) 자를 합쳐 궁정동이 되었다.

이곳에서 청와대 담장 안쪽으로 커다란 한옥이 보이는데, 바로 육상궁(毓祥宮)이다. 조선시대 왕의 생모지만 중전이 못 되어 죽어서도 종묘로 가지 못한 여인들을 모셔 제사 지내던 곳이다. 숙종의 후궁으로 영조를 낳은 숙빈 최씨가 처음으로 모셔졌다.

육상궁을 칠궁(七宮)이라 부르기도 한다. 육상궁을 비롯한 다섯 채의 사당에 같은 처지의 후궁 일곱 명의 신위를 모심으로써 붙여진 이름이다. 임금과 사랑하는 사이였지만 중전이 되지 못하고, 그 사이에서 태어난 아들이 임금에 올라도 대비가 될 수 없었으니, 그 서러움이 어떠했겠는가. 더군다나 죽어서조차 남편과 아들이 있는 종묘로 갈 수 없었다.

■ 청와대 서쪽 경내에 위치한 육상궁(칠궁)

육상궁은 그동안 청와대 특별관람객만이 청와대와 함께 둘러볼 수 있었으나 2018년 6월부터 별도로 예약해 관람할 수 있게 되었다.

그 아래로 몇 발자국 옮기면 또 다른 현대판 후궁들의 거처가 나온다. 지금은 무궁화동산으로 꾸며져 있지만, 1979년 10월 26일 18년간 독재를 이어가던 박정희가 마지막을 맞이한 궁정동 안가가 그곳에 있었다. 김영삼정부 시절 일반시민들이 이용할 수 있는 공원으로 바뀌었다.

잠시 우리 현대사에서 큰 획을 그은 1979년 10월로 돌아가 보자.

1970년대는 밤의 정치로 알려진 요정정치가 극성을 부리던 시기였다. 이에 박정희는 부정부패 척결을 강조하며 요정정치의 엄단을 지시했다. 하지만 역설적이게도 그가 마지막 숨을 거둔 곳이 관제 비밀요정이던 궁정동 안가였다.

박정희를 암살한 김재규에 의하면, 궁정동을 거쳐간 박정희의 여자가 200명 이상이었다고 한다. 당시 대통령 의전과장의 역할은 황음에 빠진 연산군이 전국의 미녀를 모으기 위해 파견한 채홍사(採紅使)나 다름없었다. "대행사(측근 3~4명과 함께 즐기는 행사)는 월 2회, 소행사(대통령 혼자 즐기는 행사)는 월 8회 정도 치러졌다"는 증언도 있다.

죽어서조차 외롭게 남겨진 조선의 후궁들을 생각하다 보니, 이곳을 거쳐간 3공화국의 현대판 후궁들이 함께 떠오른다.

궁정동 안가를 스쳐간 여인들은 연예인뿐만 아니라 각계에서 물색한 다양한 인물들이 포함되었다고 한다. 이제는 시민공원으로 꾸며져 그곳에서 자행되었던 추악한 과거는 시간 저편으로 사라졌다. 하지만 이곳의 역사를 아는 이들의 마음은 어쩔 수 없이 애잔하고 먹먹할 수밖에 없을 것이다.

궁정동 안가는 중앙정보부장 집무실이 있던 본관과 박정희가 측근들과 술자리를 하던 만찬동(나동) 등 총 5개의 건물로 구성되어 있었다. 1993년 김영삼 대통령은 취임하자마자 이곳에 대한 부정적 이미지를 없애기 위해 공원으로 바꾸었다.

그런데 당시 조경사업을 진행했던 반도환경개발 회장 이승률은 김재규의 총탄에 박정희가 쓰러진 자리를 은밀히 표시해두었다. 무궁화동산 서쪽 출입구로 들어서면 낮은 자연석 성곽이 이어지다 갑자기 끊기고, 그 앞으로 가지가 멋지게 휘어진 소나무 한 그루가 있다. 바로 그곳이 박정희가 숨을 거둔 곳이다.

이승률은 "설계에서 조경까지 턴키베이스로 수주했기 때문에 그런 역사성을 담을 수 있었다"고 말한다.

돌담의 오른쪽 끝부분이 박정희 대통령의 피살 장소이다.

공사 감독을 나온 경호실 사람들과 이야기를 나누면서 박정희 대통령이 돌아가신 장소가 어디쯤 되는지 물어보았어요. 나중에 그 자리에 표지석이라도 세워야 하는 것 아니냐고 했더니, 펄쩍 뛰더군요. 그래도 어떤 식으로든 흔적을 남겨놓아야겠다는 생각에서 제 나름으로 표시를 해둔 것입니다. 자연석 성곽이 이어지다가 갑자기 무너지듯 끊긴 것은 역사의 흐름이 끊어진 것을 의미합니다. 소나무 앞에는 나중에 그 위에다가 제사상이라도 차릴 수 있도록 묘실(墓室) 비슷한 크기로 넓적한 돌을 깔았습니다. 그 앞에는 옆면을 깎은 돌 위에, 멀리서 보면 새처럼 보이는 돌을 하나 올려놓았습니다. 돌아가신 분의 영혼을 형상화한 것입니다.

궁정동 안가가 자리했던 이곳은 병자호란 당시 조선의 충신이었던 청음 김상헌의 집터이기도 하다.

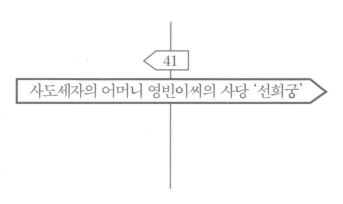

41

사도세자의 어머니 영빈이씨의 사당 '선희궁'

궁정동에서 다시 백운동천을 건너 신교동으로 가보자. 동명이 바뀌었지만, 종로구의 특성상 불과 2~300미터 거리이다.

서울맹학교와 서울농학교가 그곳에 있는데, 영조의 후궁이며 사도세자의 생모인 영빈이씨(1696~1764)의 사당 '선희궁'이 있던 자리이다. 운동장 왼쪽에 일부 건물이 남아 있으며, 운동장 밑으로 궁벽을 이룬 돌들을 볼 수 있다. 선희궁을 만든 후 궁정동에서 그곳으로 넘어갈 수 있게 다리를 놓아 이 일대를 신교동(新橋洞)이라 부르게 되었다고 한다.

학교 정문으로 들어서면 왼쪽에 커다란 조각물이 있다. 개교 100주년 기념비인데, 두 손을 마주하는 모양새이다.

농학교의 건물 뒤쪽으로 세 칸의 맞배지붕을 한 작은 제각이 있는데, 학교 담장과 더불어 유일하게 남은 선희궁의 흔적이다. 그곳은 영빈이씨의 신위를 봉안하고 제사를 지냈던 사당이다. 본래 이곳의 명

▌서울농학교의 담장을 통해 이곳이 궁궐 터였음을 알 수 있다.

▌개교 100주년을 기념해 만들어진 조각상

■ 사도세자의 어머니 영빈이씨의 사당 선희궁의 흔적

칭은 '의열궁'이며, 묘 또한 '의열묘'로 불렸다. 하지만 사도세자의 아들이자 영빈이씨의 손자인 정조가 왕위에 오르면서 사도세자를 장조에 추존하고, 영빈이씨의 사당을 '선희궁'으로, 묘는 '수경원'으로 높여 불렀다.

사도세자가 대리청정을 하며 남인, 소론, 소북세력 등을 가까이하자 불안을 느낀 노론세력은 결국 그를 죽음으로 내몰았다. 그의 장인 홍봉안은 물론이고 생모인 영빈이씨까지 노론세력에 가세하는 등 사도세자를 둘러싼 처가와 외척들이 대부분 정치적으로 적이었다. 영빈이씨는 영조에게 사도세자를 죽이도록 조언하기도 했다. 권력이란 이처럼 모자간의 정마저 끊을 만큼 무서운 속성을 지닌 듯하다.

선희궁 바로 뒤쪽으로 세심대(洗心臺)라는 언덕이 있는데, 조선시대 경승지로 당대 명문가들이 즐겨 찾았다고 한다. 선희궁에 걸음했던 영

영빈이씨의 묘를 이장하고 그 자리에 세워진 연세대학교 '루스채플'. 다행히 수경원의 제각
이 그대로 남아 현재 박물관으로 이용되고 있다.

조, 정조도 마찬가지였다. 특히 정조는 매년 봄 육상궁과 선희궁을 참
배하며 세심대를 찾았다. 그리하여 꽃구경도 하고, 활을 쏘거나 시를
짓고 신하들에게 연회를 베풀었다고 『조선왕조실록』은 전한다.

'세심대'라 새겨진 바위가 있었다지만, 현재로서는 찾을 길이 없다.
세심대 부근 바위에 '후천'(后泉)이라는 글씨가 새겨져 있는데, 왕후의
샘이란 의미일 것이다. 그 아래에 '감류천'(甘流泉)이란 글자가 있어 물
맛을 상상하게 해준다.

이곳에 오르면 멀리 한양 남쪽을 조망할 수 있다. 혹여 왕후의 샘
에서 물을 마신 정조가 관악산을 바라보며 할머니 영빈이씨를 상상
한 건 아닐까.

원래 영빈이씨의 묘인 '수경원'은 연세대학교 학생회관 뒤쪽에 위
치했는데, 1969년 경기도 서오릉으로 이장했다. 그리고 그 자리에 예

배당 '루스채플'을 지었다. 현재 수경원이 있을 당시 제사를 지내던 정자각만 남아 있고, 석물 등의 유물은 연세대학교 박물관에 전시되고 있다. 전시물 가운데 수경원의 첫 이름인 '의혈묘' 편액이 있는데, 영조 어필이다.

일반적으로 한옥 양식에 대해 잘 모르니 선희궁이나 수경원의 제각에 대해 '옛 건물이 남아 있구나' 정도로 생각할 것이다. 그러나 조금만 관심을 기울이면 일반 한옥이 아니라 궁궐과 관련된 것임을 알 수 있다.

한옥에서 지붕의 용마루, 추녀마루 등을 하얗게 칠한 것을 '양성'이라 칭하는데, 이는 조선시대 궁궐 등 격식이 높은 건물에만 사용되었다. 자세히 살펴보면, 선희궁과 수경원의 용마루 및 추녀마루가 양성 처리되어 있다. 또한 처마 끝자락에 올려져 있는 잡상(雜像)도 일반 민가에는 허락되지 않았던 장식이다.

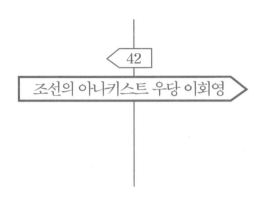

42

조선의 아나키스트 우당 이회영

옛 선희궁 터인 서울맹학교 담장 바로 건너에 '우당기념관'이 있다. 우당 이회영(1867~1932)의 생가는 본래 중구 명동이지만, 우당기념관이 위치한 신교동 일대에 경주 이씨 출신의 사대부들이 많이 살았다. 이회영이 백사 이항복의 10대 손인 걸 감안하면, 경주 이씨의 세거지가 필운동에서 신교동 일대로 이동했음을 추측해볼 수 있다.

이회영은 일제강점기 시절 조국의 해방을 위해 모든 것을 버린 조선 명문가의 아들이다. 당시 10대 부자에 꼽힐 정도였지만 재산은 물론이고 자신의 목숨까지 바친, 그야말로 조선의 '노블레스 오블리주'를 실천한 인물이다.

청년시절 교회에서 신식 결혼식을 치른 그는, 여성의 재가를 비판하던 시대분위기 속에서 청상과부가 된 누이동생을 사망한 것으로 거짓 부고를 내고 재혼시켰다. 그것뿐만이 아니다. 1906년 아버지가 사망하자 집안의 모든 노비를 해방시켰다. 개화사상을 통해 진보적 세계관

▌서울농학교와 마주보는 곳에 위치한 우당기념관

을 받아들이고 그것을 제대로 실천했다고 할 수 있겠다.

　일제 치하에서 대부분의 개화사상가들은 친일세력으로 돌아섰다. 하지만 그는 달랐다. 친일파 개화세력에게 일본은 선망의 대상이었지만, 이회영으로선 조국을 침략한 제국주의 세력일 뿐이었다.

　1905년 을사늑약이 체결되자 이회영은 반대투쟁을 진행함과 동시에 을사오적 암살계획을 세웠다. 하지만 모두 실패로 돌아갔다. 1907년 그는 신민회를 만들어 좀 더 조직적으로 활동했다. 당시 넷째였던 이회영의 주동으로 결국 집안의 6형제 모두가 항일투쟁에 참여하게 되었다. 그들 가족은 물론 뜻을 같이한 일꾼들까지 60여 명에 이르는

우당 이회영의 항일정신을
높이 기리며 중국 정부에서
수여한 항일열사 증명서

사람들이 경술년 12월 조국 해방을 위해 중국으로 떠났다.

당시 6형제가 재산을 급매해 마련한 돈은 40만 원이었다. 지금의 가
치로 따지면 약 600억 원에 이르는 금액이다. 그의 생가가 있던 명례
방 저동(현 명동성당 앞 YWCA 자리) 일대 대부분의 땅을 소유했으니 실
제로는 이보다 큰 액수였을 것이다. 하지만 그에게 조국은 돈과 바꿀
수 없는 존재였다. 그렇기에 자신의 모든 것을 던지고 조국 해방을 위
해 나선 것이다.

하지만 그 많은 자금도 8년 만에 바닥이 났다. 아들 이규창의 자서전
에 따르면, "일주일에 세 번 밥을 하면 운수가 대통"이라고 할 정도로
곤궁한 생활이 계속되었다.

대부분의 무장투쟁파들이 그렇듯, 초기에는 임시정부에서 활동했
으나 1921년 노선을 달리해 그곳을 떠났다. 1920년대 후반 본격적으
로 아나키즘 활동을 벌였으며, 백정기 등과 '항일구국연맹', '흑색공포
단' 등을 조직했다. 1932년 만주에서의 활동을 계획하고 다롄에 거점
을 만들려 했으나 밀정의 신고로 그만 체포되고 말았다. 고문을 당하

던 이회영은 결국 뤼순형무소에서 사망했다.

그런데 이회영의 조카이자 둘째형 이석영의 아들인 이규서, 임시정부 요인 연병호의 둘째아들 연충렬이 바로 그를 죽음으로 내몬 밀정이었다. 백정기가 두 사람을 처단했지만, 조카와 옛 동지의 아들이 밀고자라니 참으로 안타까운 일이 아닐 수 없다.

이회영의 6형제 중 다섯 명은 옥사하거나 굶어죽었다. 유일하게 살아 돌아온 사람이 다섯째이자 초대 부통령을 지낸 이시영이다. 전 국정원장 이종찬과 현 국회의원 이종걸이 이회영의 손자이기도 하다.

43

김신조 일당의 청와대 습격사건 '1·21사태'

우당기념관에서 자하문로를 건너 경복고 정문과 후문 사이쯤에 청운실버센터가 있다. 1968년 1월 21일 김신조 등 32명의 북한 무장병이 청와대를 습격하려고 넘어왔다가 총격전이 벌어진 곳이다. 1월 18일 군사분계선을 넘어 능선을 타고 불과 3일 만에 청와대 앞까지 뚫은 엄청난 사건이었다. 그때 최규식 종로경찰서장과 정종수 순경이 사망했는데, 창의문 아래 그들의 동상과 흉상이 설치되어 있다.

북한 무장병들이 처음 신고된 것은 남파된 첫날인 1월 18일로, 파주시 법원읍 삼봉산에서 발견되었다. 하지만 국군과 경찰은 그들의 동선을 전혀 추적하지 못했다.

당시 우리 국군의 군사적 상식으로는, 완전군장을 한 채 야간 산악행군일 경우 시간당 4킬로미터를 넘을 수 없었다. 하지만 고도로 훈련된 124군 부대는 법원리-미타산-앵무봉-노고산-진관사-북한산으로 이어지는 능선을 시속 10킬로미터로 내달렸다. 따라서 파주시 법원읍에

▌1·21사태 총격전으로 숨진 최규식 서장의 동상(오른쪽)과 정종수 순경의 흉상(왼쪽)

서 간첩신고를 처음 받고도 그들을 추적하지 못한 것이다.

결국 총격전이 벌어진 곳은 최규식 동상에서 남쪽으로 약 900미터 떨어져 청와대와 마주보던 현 청운실버센터 일대였다. 그 결과 김신조가 생포되었고, 30명이 사살되었으며, 나머지 한 명은 북으로 도주했다.

그 후 박정희정권은 향토예비군 제도를 신설했고, 북파공작원 양성을 위해 일명 실미도부대(684부대)를 창설했다. 더불어 수도방위사령

북측 무장간첩단과 총격전이 벌어졌던 곳(사진 속 차가 보이는 일대). 오른쪽이 청와대 내에 위치한 육상궁이며, 왼쪽은 주한 로마교황청 대사관이다.

부는 지금도 매년 1월 21일에 '리멤버 1·21' 훈련을 실시하고 있다. 참고로 실미도부대의 실체는 영화 「실미도」(2003)를 통해 널리 알려졌다.

1·21사태가 벌어지고 이틀 뒤인 1968년 1월 23일, 미군 첩보함 푸에블로 호가 동해 원산항 앞바다에서 북한에 나포되었다. 전쟁이 아닌 상황에 군함이 나포되기는 미국 역사상 처음이자 마지막일 만큼 대단한 사건이었다. 더군다나 민간선박으로 위장했지만, 그 당시 최고의 성능을 보유한 첩보함이었다. 북한 영해를 침범해 벌어진 교전에서 미군 한 명이 숨졌고, 나머지 82명이 생포되었다.

1·21사태로 발칵 뒤집힌 박정희정권은 북한에 군사적 보복을 감행하려 했다. 하지만 미군 측에서 응하지 않아 행동을 취하지 못했다.

그런데 푸에블로 호가 나포되자 미국 태도가 돌변했다. 핵 항공모함 엔터프라이즈 호가 급파되고 오키나와 주둔 미군이 한반도로 전진 배치되는 등 일촉즉발의 위기가 조성되었다.

불과 이틀 전 동맹국의 대통령 관저 바로 옆에서 교전이 벌어졌음에도 미온적으로 행동하던 미군이, 자국 군함과 병사들에게 피해가 발생하자 완전히 다른 태도를 취한 것이다.

그뿐만이 아니다. 이후 우리나라는 철저히 배제된 채 북미 비밀회담이 전개되었다. 결국 11개월의 협상 끝에 미국은 푸에블로 호의 북한 영해 침범을 인정하고 재발 방지를 약속했다. 또한 푸에블로 호를 포함한 모든 것을 북한이 압수하고 미국은 포로와 유해만 돌려받는 것으로 상황을 마무리했다. 북한은 그때 나포한 푸에블로 호를 평양 대동강으로 옮겨 반미교육장으로 사용하고 있다.

당시 미국은 베트남과 전쟁 중이었고, 북은 군사적으로 베트남을 지원하던 상황이었다. 따라서 미국의 최첨단 첩보함이 북에 넘어간다

푸에블로 호 사건 40주년을 맞이해 북의 조선우표사가 발행한 기념우표

는 건 통신체계를 비롯한 군사적 1급 비밀이 그대로 노출되는 일이었다. 그로 인해 미국은 베트남전쟁에서 군사적으로 상당한 손실을 감수해야 했다.

한편, 푸에블로 호가 전시된 대동강 아래에는 다른 미국 선박이 이미 수장되어 있었다. 1866년 미국의 제너럴셔먼 호가 대동강으로 거슬러 올라가 통상을 요구하며 횡포를 부리자, 평양 사람들이 배에 불을 지르고 수장시킨 것이다. 이처럼 대동강 위아래로 미국 배가 존재하니, 북한으로선 최고의 반미교양물을 제공받은 셈이다.

44

혈흔처럼 남은 인조반정의 역사 '창의문'

백운동천의 최상류를 복개한 창의문로를 따라 그 발원지[12] 바로 옆에 위치한 창의문으로 가보자. 임진왜란 때 불타 없어진 문루를 영조16년(1740)에 복원한 것이다. 1958년에도 보수가 진행되었지만, 처음의 원형에서 크게 변하지 않은 채 300년 가까이 유지되었다.

조선시대에는 창의문을 '자하문'(紫霞門)이라고 부르기도 했다. 청운동으로 이어지는 계곡이 깊고 수석이 밝게 빛나, 마치 개성의 자하동과 같다고 하여 '자핫골' 또는 '자하동'으로 칭해졌기 때문이다. 이런이유로 창의문 아래쪽 터널을 '자하문터널'이라 부른다.

문이란 본래 사람이 드나들기 위해 만들어졌지만, 창의문은 늘 폐쇄되어 있었다. 태종13년(1413) 풍수학자 최양선이 창의문과 숙정문 일

---

12) 1·21사태 때 숨진 최규식의 동상 옆으로 그곳이 청계천 발원지임을 나타내는 표석이 설치되어 있다.

대에 대해 "경복궁의 좌우 팔에 해당되므로 길을 열지 말고 지맥(地脈)을 온전하게 하소서"라고 상소했다. 그리하여 북소문인 창의문과 북문인 숙정문이 폐쇄되었다. 세종 때 도성 수축을 위해 편의상 두 문을 개방했지만, 국왕의 명에 따른 일시적인 상황이었다.

그런데 어명에 의하지 않고 창의문을 출입한 경우가 딱 한 번 존재했다. 약 400년 전 광해군을 축출하려는 반정군이 창의문을 통해 도성으로 들어간 것이다. 그로 인해 새로운 임금 인조가 등장했다. 이것이 바로 인조반정(1623)이다. 그들은 광해군이 친형인 임해군과 배다른 동생 영창대군을 죽였을 뿐만 아니라, 계모인 인목대비를 경운궁에 유폐시키는 등 폐륜을 저질렀다는 명분을 내세웠다.

인조반정은 서인이 주도하고 남인이 동조해 이루어졌는데, 그로 인해 명청 중립외교를 추진했던 광해군과 대북파가 제거되었다. 이로써 조선에 본격적인 노론정권이 들어섰으며, 그들 세력은 일제시대를 거쳐 현재까지 이어지고 있다.

그로부터 120년 뒤, 인조반정 2주갑(二周甲)을 기념하기 위해 창의문을 방문한 영조가 당시의 공신들을 회상하며 그들의 이름을 직접 썼다. 그때 쓴 영조 어필이 창의문 문루에 지금도 걸려 있다.

그런데 반정 때 군대를 총지휘했던 이괄(李适)의 이름은 보이지 않는다. 논공행상이 불공평하다는 이유로 1년 뒤 난을 일으켰기 때문이다. 본래는 김유가 지휘할 예정이었으나 현장에 나타나지 않아, 이괄이 군대를 총지휘했다. 그럼에도 불구하고 김유는 1등공신으로, 자신은 2등공신으로 분류되자 울분을 참지 못했다. 더군다나 아들마저 역모를 꾸몄다는 명목으로 압송될 처지에 놓이게 되었다. 이에 이괄이 반란을 일으켰는데, 이것이 바로 '이괄의 난'(1624)이다.

이로써 조선은 외세가 아닌 자체 반란군에 의해 한양을 점거당하는 유일무이한 사태를 맞게 되었다. 이괄의 군대를 피해 공주로 피난가던 인조는 현재의 양재역 사거리를 지나던 중 말 위에서 급히 팥죽을 먹었다. 그래서 그곳을 '말죽거리'라 부르게 되었다고 한다.

이후 관군과 반군은 현 서대문구 무악재에서 큰 전투를 벌였고, 결국 관군이 승리했다. 이 사건으로 이괄은 인조반정 공신에서 제외되었으며, 창의문 문루의 현판에서도 이름을 찾아볼 수 없게 되었다. 조선역사 500여 년 동안 한양에서 이렇게 큰 전투가 벌어지기는 처음이

▌ 창의문 문루에 걸려 있는 인조반정 공신들의 명단

자 마지막이었다.

조선의 최대 치욕인 임진왜란(1592)과 병자호란(1636) 때도 한양도
성에서 전투가 벌어지지 않았다. 국왕이 이미 빠져나가 왜병과 청군이
무혈입성했던 것이다.

묘호(廟號)란 우리가 흔히 국왕을 칭할 때 쓰는 명칭으로, 국왕 사후에 붙여진다. 국왕 사망 뒤 2품 이상의 대신들이 모여 3개의 묘호 후보를 올리면 신임국왕이 그 가운데 하나를 선택한다. 그런데 인조의 경우 묘호를 정할 때 논란이 컸다.

『예기』(禮記)에 묘호를 짓는 두 가지 원칙이 나온다. 기본원칙은 '가계의 시조는 조(祖)가 되고, 그 후예는 종(宗)이 된다'는 종법원리이다. 부수적으로 '공(功)이 있으면 조(祖)가 되고, 덕(德)이 있으면 종(宗)이 된다'는 조공종덕(祖功宗德)이 있다. 종법은 적장자가 종자(宗子)의 지위를 상속하는 제도다. 따라서 왕조를 건국한 시조는 '태조'라 칭하고, 그를 계승하는 왕은 '종'으로 불러야 왕권의 정통성을 인정받는 셈이다. 이것이 묘호의 권위요 왕권의 상징이다.

이 원칙에 따르면 조선에서 묘호로 '조'가 사용되는 이는 고려의 태조 왕건처럼 한 명뿐이어야 한다. 하지만 현실은 그렇지 못하다. 조선에서는 종법원리보다 조공종덕이 중시되었다. 즉, 원칙보다 예외가 우선적으로 적용된 셈이다.

인조 역시 이러한 경우에 해당된다. 그의 묘호가 '인종'이 아닌 '인조'로 결정되자, 홍문관 심대부가 세조, 선조, 중종의 예를 들며 다음과 같은 반대상소를 올렸다.

예로부터 조와 종의 칭호에 우열이 있지 않았습니다. 창업군주만이 홀로 '조'로 호칭됐고, 선대의 뒤를 이은 그 밖의 군왕들은 비록 큰 공덕이 있어도 '조'로 칭하지 않았습니다.

세조대왕의 경우도 (형인) 문종의 계통을 이어받았는데 '조'로 호칭한 것을 이해할 수 없습니다. 선조대왕이 '조'를 칭한 것도 의리를 보아 옳지 않은 일입니다. 중종대왕은 연산군의 더러운 혼란을 평정했지만 '조'가 아닌

'종'으로 칭하시지 않으셨습니까. 우리가 본받아야 합니다.

—『효종실록』중에서

하지만 인조의 아들 효종은 이러한 상소를 '망령된 의논'이라며 물리쳤다.

창업군주에게만 '조'를 쓰는 원칙을 약화시키고 공이 있는 군주에게 '조'를 사용하는 예외규정을 적용했다면, 과연 인조에게 무슨 공이 있었단 말인가.

당시 '인조라는 묘호를 주는 것이 맞다'고 주장한 이들은 "반정을 통해 종사의 위기에서 나라를 구했으며, 윤기(倫紀)를 회복시킨 공이 있으니 조로 칭하는 것이 예법에 합당하다"는 논리를 구사했다.

하지만 인조가 통치하던 시절 굶주린 백성이 넘쳐났고 그들의 해골이 길바닥에 나뒹굴 정도였다. 어디 그뿐인가. 다 쓰러져가는 명나라를 섬기려다 병자호란을 초래해 "차라리 광해군 시대가 낫다"는 저주에 가까운 원성을 사기도 했다. 그로 인해 인조는 사과문까지 발표하게 된다.

하기야 각자의 세계관에 따라 세상이 달리 보이는 법이다. 인조에 앞선 선조의 경우, 임진왜란 때 백성을 버리고 의주로 도망쳐 나라와 백성을 도탄에 빠뜨렸다. 하지만 '선종'이 아닌 '선조'의 묘호를 주장하는 자들은 오히려 그가 임진왜란을 다스렸다고 주장한다.

이처럼 원칙 없이 정해진 조선 국왕의 묘호는 참으로 헷갈릴 수밖에 없다. 계유정난의 주인공 수양대군의 묘호가 '세조'로 정해진 것이 조선의 후대 국

제1대	제2대	제3대	제4대	제5대	제6대	제7대	제8대	제9대	제10대	제11대	제12대	제13대	제14대	제15대	제16대	제17대	제18대	제19대	제20대	제21대	제22대	제23대	제24대	제25대	제26대	제27대
태조	정종	태종	세종	문종	단종	세조	예종	성종	연산군	중종	인종	명종	선조	광해군	인조	효종	현종	숙종	경종	영조	정조	순조	헌종	철종	고종	순종

총 27명에 이르는 조선 국왕의 묘호

왕들에게 새로운 이정표가 되었다고 할 수 있다. 문득 조선의 시인 이양연이 쓰고 백범 김구의 애송시로 널리 알려진 「야설」(野雪)이 생각나는 순간이다.

눈 덮인 들판을 걸어갈 때
함부로 걷지 마라
오늘 내가 걸어간 발자국은
뒷사람의 이정표가 되리니

서촌을 걷는다

지은이 유영호

펴낸곳 도서출판 창해
펴낸이 전형배

출판등록 제9-281호(1993년 11월 17일)
1판 1쇄 인쇄 2018년 6월 12일
1판 1쇄 발행 2018년 6월 19일

주소 서울시 마포구 토정로 222(신수동 448-6) 한국출판콘텐츠센터 316호
전화 02-333-5678
팩스 02-707-0903
E-mail chpco@chol.com

ISBN 978-89-7919-015-1 03910
ⓒ 유영호, 2018, Printed in Korea.

「이 도서의 국립중앙도서관 출판예정도서목록(CIP)은
서지정보유통지원시스템 홈페이지(http://seoji.nl.go.kr)와
국가자료공동목록시스템(http://www.nl.go.kr/kolisnet)에서
이용하실 수 있습니다.(CIP제어번호: CIP2018016083)」